Vie véridique de

Couserans (Ca Couserans)

William Shakespeare

4218

PAR GEORGES DUVAL

PARIS

LIBRAIRIE OLLENDORFF

CHAUSSÉE D'ANTIN

La Vie véridique

DE

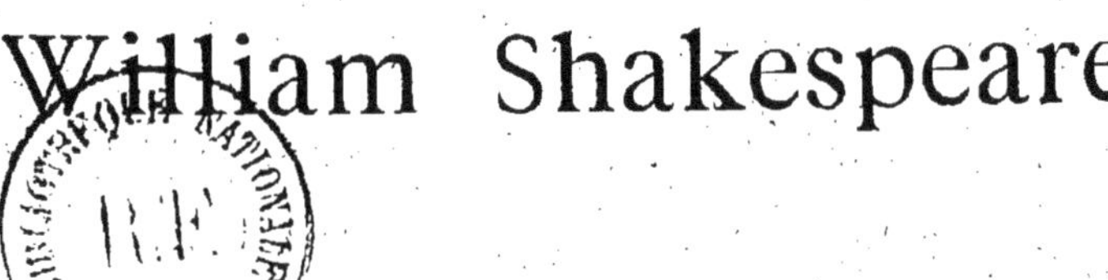

William Shakespeare

La Vie véridique de

William Shakespeare

PAR GEORGES DUVAL

PARIS

LIBRAIRIE OLLENDORFF

CHAUSSÉE D'ANTIN

A LA MÉMOIRE

DE

J.-F. DUCIS

LE DOUX POÈT

QUI APPRIT, COMME IL LE PUT,

MAIS LE PREMIER,

SHAKESPEARE À LA FRANCE,

Ce livre est dédié.

G. D.

« Qu'a besoin mon Shakespeare, pour
ses os vénérés, de pièces entassées par
le travail d'un siècle? Ou faut-il que ses
saintes reliques soient cachées sous une
pyramide à pointe étoilée? Fils chéri de
la Mémoire, grand héritier de la gloire,
que t'importe un si faible témoignage
de ton nom? Toi qui t'es bâti, à notre
merveilleux étonnement, un monument
de longue vie... Tu demeures enseveli
dans une telle pourpre, que les rois, pour
avoir un pareil tombeau, souhaiteraient
mourir. »

MILTON.

La Vie véridique

DE

William Shakespeare

CHAPITRE I

Le 14 janvier 1586, Stratford-sur-Avon était en rumeur. Les habitants, sur le seuil de leurs portes, attendaient au passage, pour lui souhaiter bonne route, un enfant du pays, obligé de s'expatrier pour les raisons suivantes :

Quelques jours auparavant, avec des camarades, il s'était avisé de surprendre une biche dans un parc, situé à Charlecote, près Stratford, et appartenant à un certain Thomas Lucy. Sir Thomas Lucy en ayant appelé à la justice, notre braconnier n'avait trouvé rien de mieux que d'accrocher à la porte du parc la ballade suivante :

Un Membre du Parlement, un Juge de Paix,
Chez lui un pauvre corbeau plumé ; à Londres, un âne ;
Si Lucy est un pouilleux comme certains l'appellent,
Lucy est un pouilleux, n'importe ce qui lui arrive.

> Il se croit quelqu'un
> Bien qu'il ne soit qu'un âne. |chose.
> De par ses oreilles nous ne lui permettons pas d'être autre
> Si Lucy est un pouilleux, comme certains l'appellent,
> Chantons le pouilleux Lucy n'importe ce qui lui arrive[1].

Un attorney de Warwick dut requérir. La justice ne badinant pas s'apprêtait à mettre la main sur le délinquant, qui ne pouvait lui échapper que par la fuite.

On comprendra l'émoi régnant à Stratford quand nous aurons dit qu'il s'agissait du fils de Mr. John Shakespeare. Un personnage important Mr. John Shakespeare... Etabli à Stratford, depuis l'année 1551, avec sa femme, fille et héritière d'un « gentilhomme de dignité », Robert Arden, de Vellingcote, dont la noblesse remontait à Henri VI, il y avait exercé les professions de gantier, de fermier, et rempli les fonctions d'alderman, grâce à la jouissance de biens provenant de la succession de son grand-père jadis en faveur auprès de Henri VII[2]. Les registres de la corporation de Stratford portent encore son nom. « Le 10 janvier, dans la sixième année du règne de notre souveraine Elizabeth, John Shakespeare a approuvé les comptes du trésorier de la ville. » « A l'assemblée tenue le onzième jour de septembre, dans la onzième année du règne de notre souveraine Elizabeth, était présent Mr. John Shakespeare, High Baillif. » « A l'assemblée tenue le dix-

1. Mr. William Oldys's collection.
2. Theobald.

neuvième jour de novembre dans la vingt et unième année du règne de notre souveraine Elizabeth, il est ordonné que chaque Alderman sera obligé de payer hebdomadairement 4 d., exceptés John Shakespeare et Robert Bruce, qui ne seront pas obligés de payer quoi que ce soit. » « A l'assemblée tenue le sixième jour de septembre, dans la vingt-huitième année du règne de notre souveraine lady Elisabeth, William Smith et Richard Courte sont choisis comme Aldermen à la place de John Wheler et John Shakespeare, parce que Mr. Wheler désire ne plus faire partie de la compagnie, et Mr. Shakespeare ne vient pas aux réunions malgré avertissement. » On peut en déduire qu'en 1579 Mr. John Shakespeare était suffisamment embarrassé dans ses affaires pour qu'on l'exemptât de la taxe hebdomadaire imposée aux bourgeois de la ville au profit des pauvres, et qu'en 1586 il avait un motif grave pour ne pas assister aux réunions malgré avertissement. Ce motif, nous le connaissons : ses créanciers venaient de le mettre en prison. Mais les gens de Stratford ne lui en voulaient pas. On le savait à la tête d'une nombreuse famille. Outre sa femme, il avait à sa charge ses fils William, Gilbert, Richard, Edmond ; ses filles Margaret, Jane et les deux Anne ; sa belle-fille, femme de William, Miss Anne, née Hathaway et déjà mère de trois enfants : Suzanne, Judith et Hamnet. Ces deux derniers, jumeaux.

On ne lui en voulait pas plus qu'à William.

D'abord parce que le délit avait été léger ; ensuite parce que William avait toutes sortes d'excuses pour n'être pas sérieux. Né à Stratford, le 23 avril 1564, après y avoir fréquenté l'école libre, appris le latin, selon la méthode de Roger Ascham, il s'était marié à dix-neuf ans avec une femme âgée de huit ans de plus que lui ; il avait bientôt sacrifié l'étude d'un attorney à la poésie. Pouvait-on demander à un poète la gravité d'un procureur et la tenue d'un père de famille ? Et puis, il était si gai, si bon, si mauvais sujet !

Si le village est animé, la maison de William est en mouvement. Une maison bien modeste : quatre murs formés de poutres réunies par de la boue et du plâtre, couverts d'un toit long avec des ouvertures mansardées, percés de fenêtres treillissées, contenant une cuisine, un parloir et deux chambres. Mais bien bruyante aussi, car toute la famille y est réunie, y compris le beau-père de William : Mr. Hataway. Il n'y manque que Mr. John Shakespeare, retenu par force majeure.

Mrs. John Shakespeare suppute les chances du voyage. Le ciel est gris, le vent est froid, la route mauvaise et longue de Stratford aux premières maisons de Londres. En vain, miss Margaret et Gilbert s'efforcent de la rassurer : leur frère connaît le chemin ; son cheval est une bête sûre. La chère femme n'est point convaincue. Sans compter que William part léger d'argent, au hasard. Des amis tels que Burbadge et Condell ont promis de s'occuper de lui. Mais ce sont des hommes de théâtre, des gens à part. Mrs. John Shakespeare se méfie de leur protection ; sa méfiance est partagée par sa bru demeurant seule avec ses trois enfants, et par Mr. Hathaway, lequel rêvait une autre situation pour son gendre. — Tandis que la mère, la femme, le beau-père, les frères et les sœurs causent ou discutent, William remonte dans sa chambre sous un prétexte quelconque, jette à travers la fenêtre un dernier regard sur son village. Il repasse son enfance : les prairies où sa mère, surnommée « la belle Mary », aimait à guider ses premiers pas ; les grands chênes qui, plus tard, abritèrent ses jeux ; la maison d'école. Il revoit sa jeunesse : la taverne du Faucon où il a tenu tête au jeu de galet ; le petit chemin tracé dans l'herbe où paissent de grands bœufs, qui conduisait au cottage d'Anne Hathaway ; le Guildhall, où, hier encore, se réunissait le Conseil de la commune, où il a tant de fois écouté les comédiens des comtés de Warwick, de Worcester, de Leicester, alors qu'ils y interprétaient des mystères ou des moralités.

Oh ! ce Guildhall, que d'émotions il y a ressenties, que de projets il y a formés, que de décisions il y a prises !...

Un soir, on jouait une moralité : *The Craddle of Security*. En scène un roi, des courtisans, trois ladies dans les bonnes grâces du souverain et imaginant tous les plaisirs capables de le distraire des travaux sérieux. Leur autorité est telle qu'elles couchent le roi dans un berceau et le bercent jusqu'à ce qu'il ronfle. Alors, sur le visage royal se pose un masque représentant une tête de porc. Il est attaché par trois fils de laiton dont les ladies tiennent chacune un bout... Paraissent deux vieillards : le premier, vêtu de bleu, sa masse sur l'épaule ; le second, habillé de rouge, d'une main tenant une épée, de l'autre s'appuyant sur son compagnon... Ils s'approchent. De sa masse le vieillard bleu donne un formidable coup sur le berceau. Les trois ladies et les courtisans disparaissent. Le roi, qui a repris sa physionomie, explique combien son cas est lamentable, puis est emporté par des esprits malins [1]. William demeura après la représentation, fit apporter de la bière et invita les comédiens à boire. La conversation mise sur l'art dramatique, comme le plus vieux de la troupe s'efforçait de démontrer la supériorité de l'ancien théâtre sur le théâtre moderne, du mystère et de la moralité sur le drame et la comédie, William bondit, et parlant d'abondance, tant il éprouvait de révolte :

— Votre ancien théâtre est tellement primitif qu'il faudra des antiquaires pour retrouver jusqu'aux titres de vos pièces ! Depuis le miracle de S^{te}. Catherine, signé par Geoffrey, abbé de S^t. Alban, et interprété par ses écoliers dans

---

1. *Mount Tabor, or Private, exercises of a Penitent Sinner*, by R. M. Willis.

l'abbaye de Dunstable [1], en l'an 1110, voulez-vous me dire quel progrès a fait l'art dramatique religieux ? Sans compter que ses effets sur la foule n'ont jamais été très moralisateurs ; Chancer affirme que le Miracle n'est qu'une distraction, et dans *Pierce Plowman's Creed*, un père mineur mentionne que le Miracle est aussi mal fréquenté que les marchés et les foires [2]. Relisez *la Chute de Lucifer, la Création, le Déluge ; Abraham, Melchisédech et Lot, Moïse, la Salutation, les Bergers, les Trois Rois*, etc., etc. [3], et dites-moi si j'ai tort. Relisez le *Massacre des Saints Innocents*, donné par les Pères anglais, au concile de Constance : il y figure un bouffon de la cour d'Hérode qui demande à être armé chevalier, afin de pouvoir courir l'aventure et tuer à son aise les enfants et les mères de Bethléem. Ces dernières se réunissent, attaquent notre chevalier errant, s'en emparent et le renvoient à son maître dans un état d'infériorité que je vous laisse à deviner. Dans *l'Ancien et le Nouveau Testament*, Adam et Eve sont absolument nus et s'entretiennent de leur nudité, jusqu'à ce qu'ils se décident à cueillir des feuilles de vigne.

1. Apud Dunestapliam — « quendam ludum de Sancta Katerina (quem *miracula* vulgariter appellamus) fecit. Ad quæ decoranda, petiit a sacrista sancti Albani, ut sibi capae chorales accomodarentur, et obtinuit ». — *Vitæ Abbat.*

2.   We haunten no taverns, no hobelen about,
       At markets and Miracles we meddle us never.

« Nous ne fréquentons pas les taverns, nous ne rôdons pas autour, nous ne nous risquons jamais dans les marchés ou aux miracles. »

3. *The Chester Ministeries*, by Ralph.

En l'année 1487, tandis que Henri VII résidait au château de Winchester, un Miracle y fut donné sous le titre : *Christi descensus ad inferos*. Les acteurs étaient les enfants de chœur de Hyde Abbey et ceux du prieuré de S'. Swithin, deux grands monastères de Winchester. On y voyait le Christ entrant triomphalement dans les Enfers, délivrant les principaux personnages des deux Testaments de la domination de Satan et les envoyant au Paradis. Savez-vous de qui s'était inspiré l'auteur ? De Nicodème, qui écrivit *Fabulous Gospel*, un livre impie ! En 1570 à Wytney, dans l'Oxfordhire, on joua *la Résurrection de Notre-Seigneur*. Afin de donner plus d'éclat à la représentation, ses ordonnateurs ne craignirent pas de représenter le Christ, la Vierge et autres personnages sacrés à l'aide de poupées habillées par des prêtres, au milieu desquelles se mouvait un garde de nuit dont la conversation ferait rougir aujourd'hui un matelot. Donc, ni art, ni convenances. Voilà pour vos Miracles.

— Et les Moralités ? demanda le comédien.

— Vos Moralités !... Je consens à y voir l'embryon d'une poétique théâtrale. Il y a un effort dans *Every Man*, écrit sous le règne de Henry VIII, dans *Lusty Juventus*, dans *Magnificence, Impatient-Poverty, The Life and Repentance of Marie Magdalena, The Trial of Treasure, The Nice Wanton, The Mariage of Will and Science*, et tant d'autres ! Mais combien puéril ! combien inutile ! combien impuissant !

— A quelle date placez-vous la première véritable pièce ?

— A la date de 1566. Le théâtre commence avec *Gammer, Curton's Needle* de Still. Il se continue avec *Ferrex and Porrex* de Thomas Sackville, lord Burkhurst et Thomas Norton.

— J'ai joué *Ferrex and Porrex* devant la reine, à Whitehall, interrompit un autre comédien, à l'époque où j'étudiais à Inner Temple.

— Il progresse du moment où prend possession du trône notre gracieuse reine, si jalouse de tout ce qui intéresse les lettres, si sensible à la forme, au beau langage, si attentive à l'art dramatique. Avant elle existait John Heyvood. Elle encourage son fou Tarleton, qui excelle dans l'improvisation...

— Tarleton n'a rien inventé. Il existe à Ravennes une école de comédiens qui improvisent d'après des règles fixes et des principes généraux. Paris est rempli d'improvisateurs.

— Il ne s'agit pas de savoir s'il a inventé, mais s'il a perfectionné. Après Tarleton, Robert Wilson ; après Robert Wilson, Kempe...

— Des bouffons !...

— Qui représentent une tradition. Il s'impose enfin, quand la connaissance de l'antiquité se répand ; quand Jasper Heywood, traduit *les Troyennes*, *Thyeste* et *Hercule Furieux* ; quand Alexandre Nevyle publie *OEdipe* ; quand John Studley donne *Médée* et *Agamemnon* ; Thomas Nuce, *Octavia* ; Thomas Nawton, *Hippolyte et Hercule au mont Octa* ;

1*

Gascoigne les *Suppositi de l'Arioste*, et quand ce même Gascoigne collabore avec Kinwelmarsh et Yelverton pour construire sa *Jocaste* avec les *Phéniciennes* d'Euripide. Il s'impose avec John Lyly qui écrit *Alexandre, Sapho* ; avec Greene, Lodge, Peele, Nash et Kid !

L'assistance était demeurée stupéfaite devant les connaissances du jeune homme et l'ardeur qu'il mettait à défendre ses idées. Quand il avait prononcé son nom, plusieurs s'étaient donné la peine de le retenir.

L'incident s'est évanoui. William est revenu à la réalité. L'heure de partir a sonné, car il s'agit de gagner le premier relai avant la nuit. Il redescend. En échange des souhaits qui l'accompagnent, il distribue des baisers. Il met le pied à l'étrier, enfourche sa bête, s'enveloppe dans son manteau, rassemble les guides, donne de l'éperon, traverse Stratford, répondant aux plaisanteries, aux sourires, aux questions et aux vœux, et le voilà trottinant dans le brouillard et déjà perdu dans un rêve...

CHAPITRE II

Rêve d'espérance et de gloire dont la griserie monte au cerveau. Au cœur il porte une plaie saignante. Il aime profondément son village. Chaque fois qu'il l'a quitté pour aller à Londres, il a ressenti l'étreinte d'un regret, l'abandon de soi-même. Il a le culte des endroits où il a grandi, où il a étudié, où il a aimé, où il a songé. Ses compagnons l'ont souvent plaisanté sur son humeur sédentaire. Il les a laissés dire. Ils ne comprenaient pas que le lieu de naissance est le meilleur de la patrie, que les os sont faits de la poussière des routes longtemps parcourues, l'esprit des choses premièrement apprises. Il abandonne ses dieux familiers, ceux de l'âtre, ceux des sources, ceux de la rivière, ceux des prés et des bois. Il chante en lui ce qu'il contera plus tard en un sonnet. « J'avance péniblement sur la route, quand « le lieu où je vais fait dire à mon repos, fait dire « à mon bonheur : « Tous les milles que tu me- « sures t'éloignent autant de tes amis. » La bête « qui me porte, accablée de ma douleur, se traîne « tristement pour porter ce poids en moi, comme « si, par quelque instinct, la malheureuse savait

« que son cavalier n'aime pas la vitesse qui l'éloigne
« d'eux. L'éperon sanglant ne peut plus l'exciter.
« Quand, parfois, la colère l'enfonce dans sa peau,
« elle y répond par un gémissement pénible,
« plus douloureux pour moi que l'éperon pour son
« flanc. Car ce gémissement me rappelle que mon
« ennui est en avant et ma joie en arrière. »

Le ciel est plus sombre qu'au départ ; il en
tombe une pluie fine et pénétrante. La route
défoncée se perd dans le brouillard. Autour de lui
les plaines se développent indéfiniment, vertes ou
rousses, pâturages ou terres labourables. Des
chênes et des ormes s'échelonnent, sentinelles
avancées. A une montée, le cheval prenant le pas,
le voyageur consulte l'horizon. Un nuage s'y dresse
noir, découpé par des coups de vent d'ouest. Il se
souvient du château de Warwick. Il croit revoir
la crénelure des épaisses murailles, la tour forti-
fiée. Il entend le murmure de l'Avon sous le pont
de pierre. Il distingue le clocher de Sᵗ. Mary où
reposent Thomas Beauchamp et sa femme, Catherine Mortimer, couchés l'un près de l'autre, la
tête de l'époux sur un coussin blasonné, celle de
l'épouse, soulevée par un amour. A leurs pieds un
lévrier. Warwick appelle Kimbeline, qui bâtit le
château. Kimbeline ! un héros d'aventures, comme
Hamlet.

— It is bitter cold [1] !

Le vent a redoublé, faisant cingler la pluie. Du

1. Le froid est amer.

feutre du voyageur, de son manteau, de ses bottes, l'eau glacée dégoutte. Le brouillard épaississant, il ralentit, se confie à l'allure de sa bête. Et, par assimilation, il est imprégné du brouillard d'Elseneur. Il pense avec quelle ruse Amleth, qui depuis fut roi de Danemark, vengea la mort de son père Horwendille, occis par Feugon, son frère. Il se remémore la légende de Belleforest. Feugon tue le père d'Amleth, Horwendille devient roi et épouse Gernthe, mère d'Amleth. Amleth jure de venger son père et contrefait le fou. Feugon, qui ne croit qu'à moitié à cette folie, le met deux fois à l'épreuve : la première en lui ménageant une entrevue avec une demoiselle qu'il aime dès l'enfance; la seconde en lui préparant un entretien avec sa mère. Les deux épreuves demeurent sans résultat concluant. Feugon envoie Amleth en Angleterre, après avoir eu le soin de charger deux courtisans de l'occir en route. Amleth découvre le stratagème, revient, tue Feugon et venge son père. William a repris la légende, l'a dramatisée, lui donnant une tournure nouvelle. Si Belleforest revenait sur terre, aurait-il le droit de se plaindre? Lui reprocherait-il d'avoir fait du crime public de Feugon le crime ignoré du roi de Danemark? d'avoir appris ce crime au prince Hamlet par la révélation d'un spectre semblable à celui de Darius dans *les Perses?* d'avoir inventé le meurtre de Gonzague? d'avoir fait hésiter son héros dans l'immolation d'un ennemi en prière? d'avoir créé Ophélia, Laertes, Polonius? d'avoir cherché un dénouement dans un quadruple meurtre? Autant de problèmes que se pose sa conscience d'artiste. Adopter est bien, mais perfectionner est mieux. Tout marchepied doit hausser. A-t-il été au delà? Il porte la main à son côté pour s'assurer si son manuscrit y est encore. Et voilà que dans le brouillard s'agitent, confus, le noir Hamlet et la blanche Ophélie, et le spectre. Voyez! Il revient encore! Arrête, illusion! Si quelque bonne action est à faire qui puisse contribuer à ton soulagement et à mon salut, parle-moi. Si tu es dans le secret de quelque malheur national qu'un avertissement pourrait peut-être empêcher. Oh! parle-moi! Ou si, pendant ta vie, tu as extorqué et enfoui un héros dans le sein de la terre, ce pourquoi vous autres esprits vous errez souvent, dit-on, après la mort, parle-moi! Arrête et parle! Retiens-le, Marcellus!

La pluie cesse. Le brouillard rougit. Dans l'incendie d'un soleil couchant se profile un groupe d'habitations. Hamlet, Ophélie, Laertes, le spectre, s'évanouissent. William reconnaît la halte. C'est Oxford. Sa figure s'éclaircit. Il donne de l'éperon, galope, tourne le marché au blé, s'arrête, saute à terre, confie les brides à un domestique et entrant dans Crown Inn:

— Dieu protège la belle mistress Davenant!

Au souhait répond une exclamation:

— Sir William! Et dans quel état!

Mrs. Davenant est digne du compliment. Grande, forte, rose et blonde, elle personnifie la race anglo-saxonne dans toute sa splendeur. A l'éclat de la chair elle joint la subtilité de l'esprit. Les habitués de Crown Inn vantent la finesse de sa conversation et la promptitude de ses réparties [1]. Elle a débarrassé le voyageur de son feutre et de son manteau, le convie à prendre place sur un escabeau, devant la cheminée où pétille un feu d'enfer, et après avoir empli un verre de porto :

— Buvez et séchez-vous. Par un temps pareil ! Vous fumez comme un cheval de brasseur ! Alors vous voilà encore parti pour Londres ?

— Avec l'intention d'y rester.

— Dieu de ma vie ! Est-il possible ! Et Stratford ? Et la famille ?

— Et faire fortune ?

— C'est vrai. Je sais. Ça n'allait pas très bien, là-bas. Quelle idée de se mettre à dos une femme et des enfants. A votre âge ! Sans parler de certaine histoire qui m'a été contée par un cultivateur de Charlecote. Et qu'allez-vous faire à Londres ?

— Essayer du théâtre.

— Un métier dangereux, sir William, où les tentations sont grandes.

Elle achevait de soupirer, lorsque parut un homme solennel.

— Croiriez-vous, Mr. Davenant que Mr. William se rend à Londres, pour s'y faire comédien ? Nous vivons à une époque où arrivent les choses les plus invraisemblables !

1. Antony Wood.

Et comme elle court à la cuisine, Mr. Davenant, sans rien perdre de son importance, s'assied auprès de son hôte. Le propriétaire de Crown Inn, depuis longtemps candidat mayor, est connu à la ronde comme un homme n'ayant jamais souri pas plus aux quolibets des meuniers qu'aux farces des étudiants. De taille moyenne, imberbe, joufflu, il s'applique à conserver sa gravité, sans se rendre compte du contraste existant entre sa physionomie empruntée et l'air bon enfant de sa personne[1].

— Comédien, Mr. William ? Un beau et bon métier, quoiqu'en dise ma femme. John Heminge a soupé ici, comme vous y souperez tout à l'heure, lors de son premier voyage de Shottery à Londres. Il n'avait pour bagage que son manteau, une paire de bottes de rechange, et pour fortune que dix shillings offerts par la corporation de St. Mary's Aldtermanbury. Il est aujourd'hui riche et célèbre. Le seul reproche par lui mérité est d'avoir protesté un peu haut contre la pétition adressée à notre reine par les magistrats de Londres, dans le but d'interdire les représentations théâtrales le jour du samedi. Il est vrai qu'un mois après notre gracieuse reine assistait un samedi à une exhibition donnée à Oxford[2].

1. Mr. Davenant was a very grave and discreet citizen (yet an admirer and lover of plays and playmakers, especially Shakespeare, who frequented his house in his journies betwen Warwickhire and London, of a melancholick disposition, and was seldom or never seen to laugh. — *T. Warton.*

2. Peck's *Memoirs of Cromwell.*

Aussi le reproche que j'adresse à Heminge n'est-il que relatif. Absolument relatif, Mr. William. Je vous souhaite de conduire votre barque comme il a su le faire.

Ces paroles prononcées sur un ton dont le sérieux le disputait au mélancolique, Mr. Davenant s'effaça devant sa femme qui revenait avec un quartier de mouton rôti.

William Shakespeare dévora sous les yeux vigilants de son hôtesse. A cette heure du soir, l'auberge était encore vide. Le repas terminé, il s'apprêtait à reprendre avec Mrs. Davenant la conversation interrompue par la venue de l'époux, lorsque la porte s'ouvrit avec fracas laissant passage à un cavalier coiffé d'un chapeau de feutre orné de plumes vertes ; vêtu d'un justaucorps vert clair serré à la taille par un ceinturon retenant une longue épée à la garde ouvragée — une garde italienne — et chaussé de bottes de cuir jaune, noircies par la pluie en même temps que jaunies par la boue. Il pouvait avoir une trentaine d'années, portait perruque et semblait aussi content de son costume que de sa moustache. Il referma la porte d'un coup de pied, se dirigea vers la cheminée lui tourna le dos, et d'une voix claire et juste se mit à chantonner :

> J'ai lu qu'autrefois en Afrique
> Un être princier régnait,
> Qui avait nom Cophétua.
> Selon la fiction des poètes,
> Il se dérobait aux lois de la nature,

> Car, pour sûr, il n'avait pas mes goûts;
> Il ne se souciait pas des femmes,
> Mais les dédaignait toutes.
> Mais voyez ce qui un jour lui advint.
> Comme il était à la fenêtre,
> Il vit une mendiante en gris,
> Qui lui causa bien des peines...

— C'est la légende des amours du roi Cophétua avec la mendiante Pénélophon[1] que vous nous chantez là? observa Mrs. Davenant, désireuse d'entrer en pourparlers.

— Aussi vrai que tu es jolie, tu as dit juste. Jadis le magnanime et très illustre roi Cophétua jeta l'œil sur la pernicieuse et indubitable mendiante Pénélophon, et ce fut lui qui put dire: *Veni, vidi, vici*; ce qui anatomisé en langue vulgaire (ô vil et obscur vulgaire!) signifie qu'il vint, vit et vainquit. Il vint, un. Il vit, deux. Il vainquit, trois. Qui vint? le Roi. Pourquoi vint-il? pour voir. Pourquoi vit-il? pour vaincre. Vers qui vint-il? vers la mendiante. Qui vit-il? la mendiante. Qui vainquit-il? la mendiante. La conclusion est la victoire. De quel côté? du côté du roi. La captivité est un enrichissement. De quel côté? du côté de la mendiante. Une noce est la catastrophe. De quel côté? du côté du roi? Non des deux côtés en un, ou mieux d'un seul côté en deux... Je suis le roi, car ainsi va de soi la comparaison; tu es la mendiante, car ainsi l'atteste ta condi-

---

1. Légende populaire du temps de Shakespeare, qui y fait allusion dans *Roméo et Juliette*.

tion d'aubergiste. Commanderai-je à ton amour? Je le puis. Forcerai-je ton amour? Je le pourrais. Implorerai-je ton amour? Je le veux bien. En attendant ta réplique, je profane mon cœur sur tout ton individu, et je te demande de vouloir bien servir une tasse de lait sur la table de ce gentilhomme, s'il ne lui répugne pas de se réconforter vis-à-vis don Fabio Adriano, baron romain.

Le nouveau venu n'attendit pas la réponse. Il jeta négligemment sur une table son manteau, son feutre et son épée, fit une pirouette et s'assit en éclatant de rire.

— En échange de ma déclaration, vous demanderai-je votre nom?

— William Shakespeare.

— Je ne connais pas. Homme d'épée ou de plume?

— Aspirant comédien et aspirant auteur.

— Monsieur, j'ai mes entrées chez la reine. Je ne vous parle pas de la familiarité qui existe entre nous. « Pas de cérémonies, je vous en conjure... Couvrez-vous le chef, je vous en supplie .... » Voilà ce qu'elle me dira au milieu de la conversation la plus sérieuse... Mais, passons là-dessus... Au surplus, je dois vous affirmer qu'il arrivera parfois à Sa Majesté de s'appuyer sur mon bras et de caresser de sa main mon excrément capillaire, ma moustache... Passons là-dessus encore, mon très cher, bien que ce que je vous raconte soit aussi véridique que je bois en ce moment la tasse de lait que vient de me servir la poulette qui préside à ces lares,

Il enleva ses gants, montra ses doigts chargés de bagues, d'un trait avala le contenu de la tasse et, sans reprendre haleine :

— Eh bien, la reine s'entêterait dans la littérature dramatique anglo-saxonne, je lui dirais, dussé-je y laisser ma tête : « Madame, Votre Majesté serait-elle devenue aveugle? Ne s'est-elle pas aperçue qu'après s'être emparé des arts plastiques notre temps s'empare des idées? Qu'après avoir remplacé Somerset House et Nonsuch par les palais de Burkhurst, de Sussex, de Burleigh, de Hardwick, de Lullworth, de Longford, il a substitué à Chancer et à Gower, sir Thomas Wyat, Henry, comte de Surrey, et Sydney? Ne s'aperçoit-elle pas que s'accroît tous les jours l'influence des Grecs et des Latins et aussi celle des *Azzolani* de Bembo, celle du platonisme des Phidelphe et des Médicis; influences patronnées par Essex, Southampton, Walter Raleigh : réalisées dans le livre par ce que vos Classiques appellent dédaigneusement des faiseurs de sonnets, des platoniciens, des entéléchistes, des raffinés, et au théâtre par Lyly et Gascoigne...? En France, du Bellay a poussé un cri admirable: «Là donc, Français, marchez courageusement vers cette superbe cité romaine, et de ses dépouilles ornez vos temples et vos autels. Ne craignez plus le fier Manlie et le traître Camille, oies criardes, qui, sous prétexte de bonne foi, vous surprennent tout nus, comptant la rançon du Capitole. Donnez-en la maîtresse Grèce, et y semez encore la fameuse nation des Gallo-Grecs. Pillez sans conscience les sacrés trésors du temple Delphique, ainsi que vous avez fait autrefois, et ne craignez plus le muet Appollo, ni ses faux oracles. » Le même cri vient d'être poussé en Angleterre ; malheur à qui ne l'entend pas ! Sans l'imitation des Grecs et des Romains, il ne pourra donner à la langue l'excellence et la lumière des autres plus fameuses, l'enrichir de mots étrangers ; il ne pourra régénérer le drame et conséquemment coopérer à l'éclat de votre règne ! » Voilà ce que je dirais à Sa Majesté. Sur ce, permettez-moi de prendre congé de vous en vous souhaitant bonne chance. Quant à toi, toute belle hôtesse, termina-t-il en remettant son épée, en recoiffant son feutre et en se drapant dans son manteau, puisqu'au lieu de répondre à mon amour, tu as préféré ouïr patiemment l'étalage de mes doctrines, accepte cette pièce d'argent en échange de ta boisson virgilienne. Si le hasard me pousse à nouveau dans ton auberge, je remplacerai mes déclarations littéraires par une leçon de branle-français. On fredonne une gigue du bout des lèvres ; on bat la mesure avec ses pieds, les pattes croisées comme celles d'un lapin à la broche. Voilà, friponne, les talents fantasques à l'aide desquels on perd les coquettes, et grâce auxquels, pourvu qu'on les cultive, on devient à la mode !

Il eut un nouvel éclat de rire, refit une pirouette et disparut au moment où Mr. Davenant revenait, attiré par le bruit du dehors.

C'était l'heure où s'emplissait Crown Inn. A la

lueur des lampes doublées se placèrent au hasard, fermiers et paysans, étudiants et soldats, pour jouer, fumer, trinquer, appelant, courtisant, pinçant Mrs. Davenant, tandis que Mr. Davenant, sans rien perdre de sa gravité et de sa mélancolie, multipliait les pots d'ale. A la tranquillité que tout à l'heure troublait seule la voix flûtée du gentilhomme italien, succédèrent des murmures, des jurons et des hurlements. Après avoir discuté la loi nouvelle dirigée contre les Jésuites et les prêtres catholiques ; affirmé qu'il était superflu de donner un crédit de six mois pour se soumettre à ceux qui fréquentaient les séminaires, on établissait la nécessité d'une requête des communes pour obtenir une réforme encore plus étendue sur les matières ecclésiastiques. Et les coups de poings sur les tables alternaient avec les coups de bottes sur le sol, avec accompagnement de bruits d'épées et de brocs choqués à la mort de Whitgift, ecclésiastique zélé, dont la plume s'était déjà signalée contre les puritains, en plusieurs controverses[1].

William Shakespeare n'entendait pas. Il récapitulait le discours du gentilhomme italien qui, dans l'embroussaillement de sa préciosité, avait pourtant laissé échapper quelques vérités bonnes à retenir. Evidemment l'antiquité latine et grecque était implantée en Angleterre, depuis le jour où le cardinal Wolsey, le plus puissant favori d'Henri VIII, avait fondé le collège de Christ-

1. David Hume.

church, à Oxford et l'école d'Ipswick pour l'enseignement des deux langues classiques; depuis celui où Thomas Sinacre, Erasme et l'Espagnol Jean Louis Vivès avaient quadruplé les classes anciennes à Cambridge, sans parler des efforts tentés dans le même sens par Thomas More, Gardiner, Reginald Pole, John Hooper, John Aylmer, John Cheke, Thomas Smith et Roger Ascham. Cette antiquité, il la connaissait; il l'aimait. Il avait lu l'*Iliade*, traduite du français par Arthur Hall; Hérodote, traduit par B. R...; Thucydide, traduit en anglais du français de Claude de Seyssel, évêque de Marseille, par Th. Nicolls et Goldsmyth de Londres; Polybe, traduit par Christophe Watson; Diodore de Sicile, traduit par Stocker; Aristote traduit par John Wylkinson. Il avait lu Virgile, s'aidant des traductions de Caxton, de l'honorable lord Henry, comte de Surrey et de Richard Stanyurst; Horace, dans l'édition de Lewes Evans, schoolmaster; Ovide, dans celle d'Arthur Golding. Il connaissait le Sénèque de Robert Whyttynton, le César d'Arthur Golding, le Quinte-Curce de John Brende, le Cicéron de J. Webb, ou de John Dolman, etc., etc.[1]. Il n'ignorait pas quels mondes renfermaient Athènes et Rome. Il avait été touché par le contre-coup de la Renaissance, qui en avait secoué les cendres endormies. Combien de fois, dans ses promenades solitaires à Stratford, dans ses voyages à

---

1. Ancient translations from Classick autors. — *Steevens*.

Londres, s'était posé le problème de savoir s'il fallait demeurer de sa race, ou sacrifier à l'antiquité, ou essayer d'un compromis entre le drame ancien et l'art du moyen âge. Combien de fois avait-il récapitulé les efforts du nouveau théâtre anglais, tragédie, tragi-comédie, comédie burlesque et comédie de cour, masque, drame bourgeois, pastorale, pour en étudier les progrès et en constater les faiblesses. Combien de fois avait-il analysé les besoins du public, depuis le noble, le courtisan, l'homme de guerre, le politique, le savant, jusqu'à l'apprenti, le boucher, le matelot, le batelier ; depuis les gentilshommes de l'escabeau jusqu'à l'*understander*. Combien de fois avait-il évoqué Elisabeth, lui reprochant son éclectisme en matière de théâtre, comme s'il eût trouvé une direction dans l'intolérance de cette reine, « astre dont l'éclat rayonnant obscurcit la foule des étoiles », à l'exemple de laquelle s'étaient instruites l'infortunée Jane Grey, qui, à treize ans, lisait le *Phedon* dans l'original, la fille de Catherine d'Aragon, Catherine Parr, la duchesse de Suffolk, les filles du duc de Somerset, la comtesse de Pembroke, lady Clarke, lady Tyrwhit, Catherine Ashey, les trois filles d'Anthony Cooke.

L'orientation qu'il cherchait, la trouverait-il à Londres? Choisirait-il sa place dans la mêlée entre Classiques et Romantiques? Ecrirait-il pour les savants ou pour la foule? Puiserait-il ses aspirations aux sources nationales ou se déclarerait-il à l'occasion partisan de l'euphuisme déjà illustré par

Lyly? Qu'adviendrait-il de son *Hamlet* dans lequel il n'a été que lui-même, dans lequel il a cherché à peindre ses irrésolutions et ses tendresses? William Shakespeare est tellement abîmé dans sa méditation qu'il n'a pas vu partir les habitués de Crown Inn, disparaître Mr. Davenant et qu'il ne remarque pas Mrs. Davenant debout devant lui, cherchant à deviner sur sa figure le sujet qui l'absorbe.

CHAPITRE III

Lorsque William Shakespeare eut vendu son cheval, il se trouva devant la porte de S^t. John's. Il gravit les hauteurs de Clarkenvell, s'assit et promena son regard sur Londres, de Covent Garden à la Tour. Tout d'abord il ne vit qu'une masse confuse, grise, inégalement coupée par la Tamise. Ses yeux s'habituèrent. Il distingua les champs de Charing Cross, les pelouses de S^t. Jame's Park et de Covent Garden, les vergers de Cowe Cross, de Crepte Gate, les maraîcheries situées entre Dogge House et Spits Fyeld. Puis les murs de la cité longeant Black Friars, Ludgate, Pater the Row, New Gate Market, S^t. Mugle, véritables fortifications depuis Crepte Gate jusqu'à Minories Cross. Sous une pâle échappée de soleil, il reconnut les monuments. A droite, se détachant en violet foncé, Westminster Abbey, Westminster Hall, S^t. Clement, S^t. Andrews; devant lui, S^t. Gilles, S^t. Paul, Baynard's Castle, S^t. Thomas, le collège de Whytynton; à gauche, S^t. Antony, S^t. Margaret, S^t. Thames et la Tour. Il suivit la Tamise de Queen Bridge à Morice Quay : York Place, Savóye, le monument des White-friars, Bridewell, Cassaly,

London Bridge et Billyngs Gate. Sur l'autre rive : Lambeth Palace, Lambeth Marsh, Winchester Place, St. Mary Overies.

Beau comme un dieu, il se leva, et d'un geste magnifique enveloppa la ville. Il descendit Clarkenwell, passa la porte de St. John's, longea Little Brittain, parvint dans Holywell-Street, paroisse de St. Léonard, s'arrêta devant une maison de modeste apparence, souleva par trois fois un marteau et attendit.

Une vieille femme vint ouvrir.

— Mr. Richard Burbadge?

— Il vous attend, Mr. William. Le voyage a été bon ?

La vieille fit pénétrer le visiteur dans un cabinet dont le mobilier se composait d'une bibliothèque, d'une table de travail surchargée de manuscrits et de quelques fauteuils. Au mur, le portrait du comte de Leicester. Elle sortit pour revenir avec une petite table servie de viandes et de bière ; quelques instants après Burbadge paraissait.

— Mon cher William ! Vous devez mourir de faim ! A table. Nous causerons en déjeunant.

Il se fit un silence de quelques minutes. Notre voyageur avait mille raisons pour jouir d'un bon appétit, auquel celui de Burbadge ne le cédait en rien.

— Donc, — commença Burbadge, — vous voulez compter parmi les comédiens de lord Chambellan, comte de Leicester, dont j'ai l'honneur d'être le chef? Triste état, mon camarade. Demandez aux meilleurs d'entre nous, à John Heminge, à Augustin Philips, à William Kempe, à George Bryan, à William Sly, à Richard Cowley, à Alexandre Cooke, à Nathaniel Field, à John Underwood, à Joseph Taylor. Demandez à tous, sauf à Tarleton, plus clown que comédien et plus courtisan que clown. C'est à regretter le temps où nous jouions dans les châteaux, dans les auberges, c'est-à-dire où nous étions nomades. Depuis que le Gouvernement s'est occupé de donner à nos Compagnies une organisation régulière, depuis qu'il réprime les excès de la populace à notre égard, devenus corps constitués, nous sommes en butte à toutes les hypocrisies. Témoins ce Northbrooke dont vous avez peut-être lu la dernière diatribe, et ce Gosson qui en est à son dix-septième pamphlet. Et le secrétaire Walsingham[1]! Celui-là outre le zèle. Il entretient des espions! Un de ces derniers, un soldat, paraît-il, lui envoyant, l'autre jour, des renseignements sur les desseins de la France et de l'Ecosse, a senti le besoin de glisser des observations sur le théâtre. Et il faut voir en quels termes. Je les ai retenus par cœur. « L'abus du théâtre est une offense envers le Seigneur, envers la Bible, offense si grande que les papistes ne sont pas les derniers à s'en réjouir. Il n'y a pas de jour où les comédiens n'affichent leurs programmes,

---

1. Ce Francis Wahsingham mourut très pauvre en 1590.

s'autorisant d'être de la troupe d'Oxford, de lord Amiral, du comte de Leicester, etc., etc. De la façon, lorsque les cloches appellent à la lecture du Nouveau Testament, les trompettes du théâtre convoquent à la représentation, et les gens pieux pleurent de chagrin en même temps que les affiliés à Rome rient de satisfaction. » Je vous fais grâce du reste. Et l'inimitié des Compagnies rivales se prévalant de protections obtenues, Dieu sait comme! Et celle des Critiques, ces useurs de chandelles, qui, de parti pris, condamnent les pièces où l'on ne brise pas des œufs, où l'on ne mord pas à pleines dents dans des gâteaux à la crème[1], où l'on n'introduit pas un imbécile qui récite de vieilles redites pour boucher les trous du poème vidé de sens, où l'on n'abuse pas des mots dérobés aux tables d'hôte. Et celui qui vous parle, mon cher William, s'appelle Burbadge, fils de James Burbadge et a pour protecteur le comte de Leicester !

— Aucun obstacle ne m'effraie !

— Je m'en doutais, aussi n'ai-je parlé que par conscience. Comédien, soit. Quel genre? Voulez-vous vous essayer dans le dramatique? Je n'épargnerai rien pour vous initier aux secrets du grand art. Dans le comique? William Kempe est à ma merci. Vous sentez-vous des dispositions pour jouer les héroïnes? J'ai pour débiteur Alexandre Cooke qui, avec un peu de couleur sur les joues, est une excellente princesse.

1. *The Plott of the seven deadly sinns.*

2*

— Le principal est d'être sur les planches.

— Et vous rebondirez? Je vous vois venir. La profession de comédien ne sera qu'une entrée en matière. Vous voulez être auteur.

— Représenter les ridicules et les passions, ressusciter les héros! Traduire l'humanité!

— Seulement la bourse est vide, il faut vivre. Je vous engage dès aujourd'hui comme comédien. Qu'est-ce que vous avez là?

— Un drame.

— Achevé?

— Complètement.

— Attendez un instant.

Burbadge appela sa servante, qui descendit, activa le foyer et sortit... Il fit signe à Shakespeare d'approcher son siège du feu, l'imita et brusquement :

— Un drame! lisez.

— *La tragique histoire d'Hamlet, prince de Danemark.*

— Thomas Kyd a déjà écrit une tragédie sur ce sujet.

— Je ne l'ignore pas. Qu'importe! Depuis des siècles les sculpteurs ne taillent-ils pas dans le même marbre? Le principal c'est d'étudier et de parfaire. Un même sujet peut être présenté sous des millions d'aspects différents, comme d'un même bloc peuvent surgir une Vénus ou un Jupiter, un cheval ou un dragon. La carrière de marbre des auteurs dramatiques, c'est la tradition, la foule, l'héritage commun des idées et des faits.

— Continuez.

— *Une plate-forme devant le château d'Elseneur.* Entrent deux sentinelles. *Première sentinelle :* Halte-là ! Qui est-ce ? *Deuxième sentinelle :* C'est moi. *Première sentinelle :* Vous venez exactement à votre faction. *Deuxième sentinelle :* Si vous rencontrez Marcellus et Horatio, mes compagnons de garde, dites-leur de se dépêcher... »

A mesure qu'il avançait dans sa lecture, l'attention de Burbadge devenait de plus en plus soutenue. L'entrée du spectre l'avait étonné ; l'imprécation d'Hamlet le prit au cœur. Bientôt l'anxiété, l'épouvante, le saisirent à la gorge.

William Shakespeare en était au monologue de la scène VII : « Être ou ne pas être » ; Burbadge se leva et, la voix tremblante, les yeux remplis de larmes :

— C'est beau ! William ! Mais quel comédien, quel artiste, quel génie rendra jamais cette exaltation mélancolique, cette maladie de l'âme, cette merveilleuse étude de la destinée humaine ?

— Vous, répondit Shakespeare[1].

Burdadge demeura muet. Il dessinait la silhouette ténébreuse du personnage et s'identifiait,

Shakespeare reprit la lecture.

---

1. Une élégie publiée en 1618 après la mort de Burbadge contient les deux vers suivants :

> No more young Hamlet though but scant of breath
> Shall cry : revenge ! for his dear fathers' death.

« On n'entendra plus le jeune Hamlet malgré son haleine courte, crier : Vengeance ! pour la mort de son père chéri. »

Un instant, Burdadge oublia le tragique du sujet pour s'amuser des conseils d'Hamlet aux comédiens de ne pas brailler comme la plupart des acteurs, de ne pas scier l'air avec les bras, de ne point imiter ces gaillards en perruque qui mettent une passion en lambeaux et fendent les oreilles des ignorants amateurs de pantomimes et de bruits. Il applaudit à l'allusion aux clowns et pensa à Thomas Pope, le clown du *Custain*[1]. Il partit d'un éclat de rire lorsque Gilderstone répond à Hamlet lui demandant comment il se fait que de tels comédiens soient devenus ambulants. « Ma foi, Monseigneur, c'est la nouveauté qui l'emporte, car le public qui, d'habitude, allait les voir, a pris en goût les représentations particulières et les plaisanteries des enfants. » Il y voyait une allusion au théâtre ouvert, deux ans auparavant, par les enfants de chœur de la chapelle de St. Paul pour faire concurrence à la troupe des Blackfriars[2]. Sa gaieté fut de courte durée, le drame ne tardant pas à le ressaisir avec la représentation du meurtre, la scène du cimetière, l'assaut final. Et hors de lui, il s'écria :

— Je jouerai Hamlet !

William Shakespeare doutait d'être éveillé. Du premier coup il s'était donc fait de Burbadge un partisan et un admirateur ! Oh ! si sa mère avait

1. *Le Rideau*, voir Heath's, *Epigrams* 1610. L'enseigne du *Rideau*, comme l'a observé Steevens, était un rideau rayé. Les comédiens du *Rideau* furent appelés *les serviteurs du Prince* (*The Prince's Servants*) jusqu'à l'avènement de Charles Ier.

2. En 1584.

été là ! Et le père ! les frères ! Et tous les habitants de Stratford !

La porte s'ouvrit, laissant passage à deux visiteurs.

— Heminge et Condell ! s'écria Burbadge. Soyez les bienvenus. Heminge, je vous présente...

— William Shakespeare. Vous oubliez que nous sommes compatriotes. Nos jeunesses n'ont été séparées que de la distance entre Stratford et Shottery, le pays de Miss Anne Hathaway, aujourd'hui Mrs. Shakespeare.

Il tendit la main à William, s'informa de sa famille, de sa femme, de ses enfants, puis le présenta à Condell, comédien comme lui au théâtre de Blackfriars. A la nouvelle que William venait de quitter Stratford pour entrer dans la carrière dramatique, Heminge et Condell lui serrèrent à nouveau la main, l'assurant d'un bel avenir sous la direction d'un homme comme Burbadge. Heminge était un homme de trente ans, d'une jolie figure, déjà célèbre[1]; Condell avait à peu près le même âge et jouissait d'une réputation également répandue. Heminge expliqua sa visite. Une grande réunion de dramatiques devait avoir lieu à cinq heures à la taverne de *la Sirène*, après la représentation du *Campaspe* de Lyly. Condell conseilla à Shakespeare d'être des leurs; l'occasion étant bonne au point de vue des relations, Burbadge insista. Shakespeare ne se défendit plus.

1. *Historical account of the English Stage.*

Les deux comédiens se retirèrent, et William prit congé de son hôte.

Une demi-heure après, il traversait Eryge-Lane, entrait dans une petite maison à la toiture pointue, se composant de trois étages, dont les deux derniers avançaient sur la chaussée leurs solives ornées de mascarons, et se faisait conduire dans une chambre par lui retenue lors de son dernier voyage. La fatigue le prenant, il s'étendit et rêva que la reine Elisabeth le complimentait.

CHAPITRE IV

A cinq heures, lorsque Shakespeare en poussa la porte, la taverne de *la Sirène* était déjà remplie. Il s'en échappait une odeur particulière de tabac, de vin et d'ale. Au milieu de la fumée, il chercha son protecteur, s'assit près de lui et se fit servir à boire. Heminge et Condell ne devaient pas tarder à les rejoindre.

Les premières paroles de Shakespeare témoignèrent de son étonnement de voir les consommateurs former deux groupes. Burbadge expliqua :

— *La Sirène* est divisée en deux camps, celui des Classiques et celui des Euphuistes.

Shakespeare ouvrit les yeux.

C'étaient, vivants, les deux problèmes qu'il s'était tant de fois posés.

— Je vais vous présenter les adversaires, poursuivit Burbadge. Dans le camp classique, le plus près de nous s'appelle Sackville. C'est l'auteur de *Gorboduc ou Ferrex et Porrex*. Ancien lauréat des Universités d'Oxford et de Cambridge, il est demeuré le prisonnier d'Aristote. Son voisin n'est autre que Philippe Sydney, un grand seigneur d'une valeur héroïque, d'une érudition brillante, sacrifiant volontiers la Cour à la taverne et ne se servant du crédit dont il jouit auprès de la reine et du comte de Leicester que pour encourager les talents véritables.

— J'ai lu sa *Défense de la poésie...*

— Demeurée l'évangile de leur cause. Il va parler. Écoutez.

Philippe Sydney commença :

— Plus j'avance en âge et en discernement, plus je me prononce en faveur des trois unités, et plus j'ai la conviction que, si vous les aviez respectées, Sackville, votre *Gorboduc* demeurait un chef-d'œuvre. Il eût fallu également supprimer les pantomimes qui précèdent chaque acte, car je n'admettrai jamais le mélange du comique et du tragique, que les bouffons tutoient les rois et que le crime soit précédé d'une gigue. C'est avec ces concessions-là qu'on arrive à faire des pièces nouvelles où l'on a l'Asie d'un côté, l'Afrique de l'autre, et tant d'autres sous-royaumes que l'acteur, lorsqu'il y arrive, doit toujours commencer par dire où il est, car autrement le sujet ne serait pas compris. Tantôt ce sont trois dames qui se promènent pour cueillir des fleurs, et vous devez croire que le théâtre est un jardin. Tantôt c'est un bruit de tempête, et vous avez tort si vous ne prenez pas le théâtre pour un rocher. Tout à coup surgit un monstre hideux au milieu de la flamme et de la fumée, et les malheureux spectateurs sont tenus de supposer qu'ils ont devant eux une caverne. Un instant après deux armées s'élancent,

représentées par quatre épées et quatre boucliers,
et quel cœur serait assez dur pour ne pas assister
à une bataille rangée? Quant à l'unité de temps,
vous finirez par être aussi libéral que les euphuistes,
qui n'hésitent pas à nous montrer une jeune princesse enceinte, laquelle accouche d'un garçon,
lequel garçon devient un homme, lequel homme
tombe amoureux, fait un enfant à son tour, tout
cela dans l'espace de deux heures [1] !

Et comme le camp des Classiques applaudis-
sait :

— Sydney peut se rassurer, répliqua Sackville,
piqué au vif. Je promets de lui épargner à l'avenir
de rééditer Whetstone, qui a dit avant lui : « L'Anglais bâtit ses ouvrages sur des impossibilités ; en
trois heures il court à travers le monde, fait des
mariages, crée des enfants, et de ces enfants fait
des hommes, des hommes capables de conquérir
des royaumes et d'égorger des monstres ; puis il
amène les dieux du ciel et va chercher des déesses
aux enfers [2].

Une voix s'éleva dans l'autre camp :

— Puisque les Classiques eux-mêmes se dis-
putent, silence aux villes mortes, silence aux
vieux auteurs ensevelis sous la poussière des
siècles, et salut à l'aurore nouvelle ! Gentlemen, je

---

1. « Our tragedies and comedies observe rules neither of honest
civility nor skiful poetry. Here you shall have Asia and the one
side, and Afrik of the other, etc., etc. » (*Defense of poetry*
Philippe Sydney)
2. Dédicace de *Promos et Cassandra*.

bois au cardinal Bembo, qui régénéra la langue ; je bois à Pétrarque, cet incomparable ciseleur de pensées fines ; je bois à Florence, aussi jeune et aussi belle que Rome est branlante et fanée ! Je bois aux académies platoniciennes !

— Quel soif ! interrompit Sydney.

— Vous boiriez comme moi, si Sénèque ne vous étouffait ainsi qu'une arête au milieu du gosier.

— Il boit pour avaler ses allégories ! fit Sackville.

— Qui attaque l'allégorie ? Vous, Sackville, qui avez joué devant la reine un jour où elle se faisait saluer par les Pénates, escorter par des pages métamorphosés en Dryades, féliciter par Cupidon se détachant d'un groupe de dieux, sur l'ordre du maire et des aldermen, pour lui offrir une flèche d'or dont ses charmes devaient rendre le pouvoir invincible[1]. Eh quoi ! il nous faudrait revenir au prosaïsme des *Church-Ale*[2], à la naïveté des menestrels ou à la grossièreté des danses mauresques ! Sackville de mon cœur, la Catalogne et l'Aragon n'ont pas leurs romanceros ; Pétrarque n'a pas écrit ses concetti ; Ronsard et Dubartas n'ont pas taillé le vers dans du diamant pur, pour que notre génération s'en tienne à Robin Hood ou au Cheval de bois[3], ou, remontant le cours des âges, qu'elle aille échouer contre une arche

---

1. *Histoire de la poésie anglaise*, Warthon.
2. Fêtes populaires.
3. Hobby-horse.

du Tibre ! Gentlemen, triplez les pintes. Je bois encore à l'art moderne, libre comme un cheval indompté et multiforme comme la mer !

Des hurrahs accueillirent l'improvisation de l'orateur, tandis que, du côté des Classiques, s'échappaient de sourds grognements. Shakespeare avait reconnu Lyly, qui, malgré son caractère religieux et ses qualités de père de famille, fréquentait quotidiennement *la Sirène*, dans l'unique but de défendre ses idées, sa poétique, son répertoire et de propager son livre : *Euphues, ouvrage très agréable à lire pour tout le monde, et dont il est très nécessaire de se souvenir. Ouvrage où sont contenus les plaisirs que poursuit l'esprit dans la jeunesse, grâce aux charmes de l'amour, et le bonheur qu'il recueille dans l'âge mûr par la perfection de la sagesse.*

Evidemment le camp des Classiques était ébranlé. La parole convaincue, colorée de Lyly avait fait son trou comme une flèche, et comme une flèche piquée droite, elle vibrait encore, lorsque se leva un homme sous le calme affecté duquel on devinait aisément un peu plus que de l'amertume.

William Shakespeare interrogea Burbadge du regard.

— Richard Edwards, un comique classique, murmura Burbadge.

— Gentlemen, je prends la parole pour un fait personnel. Quand Sydney a reproché à Sackville d'introduire la pantomime dans la tragédie, j'ai remarqué que Robert Wilmot pour un cinquième dans *Tancrède et Sigismonde*[1], m'avait jeté un coup d'œil signifiant : « Edwards n'en as-tu pas fait de même ? » Oui, dans mon *Damon et Phytias*.

— Tiré du grec ! observa Lyly par malice.

— Je ne m'en suis jamais caché...

— Farci de citations latines...

— Je m'en honore !... Dans mon *Damon et Phytias*, disais-je, j'ai intercalé des bouffons d'origine anglo-saxonne. Mais, si classique que je puisse être, j'affirme n'avoir pas outrepassé les droits d'un auteur comique, tenu à moins de gravité qu'un tragique. Quelques-uns de nos partisans ont été révoltés de voir un charbonnier anglais se livrer à des facéties à la Cour de Denys le Tyran et devant le philosophe Aristippe. Gentlemen, il fallait en accuser la nécessité de jeter un os à la foule[2]...

— Maigre repas pour un public en appétit !

La répartie fit sensation. Elle venait de Nash. Les yeux se dirigèrent vers lui. Les Classiques avaient des raisons de le redouter. Les Euphuistes le reconnaissaient comme un de leurs plus habiles défenseurs.

Burbadge n'eut pas à présenter l'interrupteur à son protégé. Shakespeare s'était rencontré avec lui dans un de ses précédents voyages. Nash pas-

1. Le sujet de cette pièce était tiré de la célèbre nouvelle de Boccace que Dryden a paraphrasée depuis et dont la traduction venait de paraître dans *le Palais du Plaisir* de Painter (Note de M. A. Mézières).

2. Nous renvoyons le lecteur au très curieux volume de M. A. Mézières : *Prédécesseurs et contemporains de Shakespeare.*

sait pour un auteur satirique sans rival, et les Classiques avaient plus d'une fois mis à l'épreuve l'adresse de ses coups.

Le groupe des Classiques se ramassait, décidé à tenir tête, quand un mouvement se produisit. Les camps opposés regardèrent du côté de l'entrée et virent trois personnages dont les costumes eussent provoqué la curiosité, si leurs physionomies n'avaient pas été encore plus exceptionnelles. Le premier représentait un homme de vingt-deux ans, à la figure usée par les veilles et les excès de tous genres. Il portait un pourpoint de drap semblant taillé dans des reprises, des chausses à l'avenant, des souliers sans semelles et un chapeau de feutre ayant subi depuis des années toutes les intempéries du climat. Le second, plus agé de quatre ans, cherchait son équilibre sous un travestissement rappelant l'étudiant d'Oxford et le puritain d'Edimbourg, témoignage de la diversité des friperies. Le troisième, que Shakespeare connaissait depuis un an, — il s'appelait Georges Peele, — ne le cédait en rien à ses camarades au point de vue de la mise. Tous trois reflétaient des intelligences capables de résister longtemps encore.

Ils prirent place au milieu des Euphuistes, commandèrent bruyamment de la bière et furent bientôt mis au courant de la discussion.

George Peele donna un formidable coup de poing sur la table.

— Aussi vrai que je regrette le fatras dont l'Université d'Oxford a surchargé ma cervelle, au nom de mes camarades du théâtre de Blackfriars, au nom de la reine Elisabeth, à qui j'ai décerné le prix de beauté[1], je proclame avoir pour les Classiques — écrevisses à deux pattes — le mépris que m'inspirent les ennemis du trône — j'ai nommé les catholiques — à qui je réserve une incomparable rossée dans une incomparable production, qui verra bientôt le jour sous le titre à retenir de : *la Bataille d'Acalzar.*

Un murmure s'éleva provoqué par Thomas Sackville. A court d'haleine, car il suait la bière, George Peele implora le secours du deuxième compagnon mi-étudiant et mi-puritain. Ce dernier se dressa et, après avoir dispersé d'un revers de main la sarabande des chandelles :

— Moi, Robert Greene, matriculé au collège de S[t]. John's, Cambridge, le 26 novembre 1575, puis à Clare Hall, le 13 octobre 1578, — j'insiste sur les dates pour prouver combien peu la fumée du wisky influe sur ma précieuse mémoire, — moi qui ai quitté ma femme il y a six semaines : *primo* parce qu'elle me reprochait journellement mon inconduite ; *secundo* parce qu'elle lisait une traduction d'Ovide ; moi l'indiscutable auteur de *Mamillia,* du *Miroir de la Modestie,* dédié à la comtesse Derby, de *Gwydonius,* dédié au comte d'Oxford, d'*Arbasto,* de l'*Analyse de la Fortune*[2] — Thomas Sackville, Richard Edwards Robert Wil-

1. Il s'agit du *Jugement de Paris,* joué en 1584.
2. *The Analomie of Fortune.*

mot, Whastone et *tutti quanti*, saluez ! — étouffé
par la colère, je passe la parole à Marlowe !

Et il désigna celui qui des trois était entré le
premier.

A ce nom de Marlowe, Shakespeare tendit
l'oreille. Il en avait souvent entendu parler par
Burbadge et Heminge. Il savait son histoire. Fils
d'un cordonnier du Canterbury, Christopher Marlowe était né en 1564. Elevé à l'école royale de
sa ville natale, il était entré à seize ans au collège
Corpus Christi, à Cambridge. Puis, enfant perdu à
Londres, la débauche l'avait pris au collet, sans
pourtant l'absorber, puisqu'il venait de terminer
une tragédie que l'on étudiait à Blackfriars et que
Burbadge considérait comme pleine d'intérêt et de
promesses. Bien des différences séparaient le doux
enfant de Stratford du corrompu de la Cité. L'un
avait les poumons pleins d'un bon air parfumé,
l'autre soufflait la poussière des impasses et la
puanteur des bouges. Le premier caressait des
rêves enchanteurs, l'autre, dans l'hallucination
des bières fortes et des liqueurs concentrées,
n'entrevoyait que des démons, des spectres, des
combats et des tueries. Pourtant Shakespeare se
sentait porté vers lui sans savoir et sans chercher
pourquoi.

A l'invitation de Robert Greene, Marlowe es-
quissa une grimace. Il répugnait aux discussions
de taverne, estimant la taverne inventée pour
qu'on y bût. Il se décida pourtant, de crainte
qu'on ne l'accusât de reculer devant un défi,

et, chancelant, il réclamait le silence, lorsque d'un coin de la salle accourut une étrange créature pauvrement habillée de noir, enfant par la finesse de la taille, la gracilité de la poitrine, la blondeur des cheveux, la clarté d'un regard azuré; déjà femme à considérer la pâleur du front, la fatigue des joues, la tristesse du sourire. Elle passa la tête sous le bras de son amant, du bras gauche entoura sa taille et, d'une petite voix, si frêle qu'on eût dit un chant de cigale :

— Appuie-toi, mon Christopher, et parle sans crainte.

Une lueur éclaira la physionomie de Marlowe. Il serra sa maîtresse contre lui et, sûr de son équilibre :

— L'antagonisme des écoles nous fait ressembler à ces pédants qui ne recommandent que ce qu'ils savent. Vanter en pompeuses paroles l'alliance du drame et de la poésie, est-ce apporter une solution aux différends qui nous divisent? Tandis que renouveler les pintes m'assurerait d'avoir soulagé la soif qui nous réunit.

Les deux camps étant tombés d'accord, on servit de l'ale aux frais de Sydney.

D'un trait Marlowe vida sa pinte, et, victorieux sur un premier point, il entama le second :

— Le secret de l'art, c'est de s'affranchir de toute servitude; comme celui de l'amour — j'en appelle à Maud — de se complaire dans une captivité. Néanmoins, par amitié pour Greene et pour Peele, je risquerai une métaphore. J'avais le cœur endurci et ne pouvais me repentir. A peine si je nommais le soleil, le ciel, la foi. Sous ma main, pour me dépêcher moi-même, se trouvaient des épées, des poisons, des cordes, une pointe empoisonnée. Je me tuais si le plaisir n'avait pu vaincre ce profond désespoir, si le hasard n'avait pas placé Maud sur ma route. Maud n'a ni la poésie rimée de nos grandes dames, ni la prose vulgaire de nos courtisanes. Mais elle a une chevelure de reine et un débraillement de fille du peuple. C'est donc Maud qui m'a suggéré l'idée d'une versification intermédiaire, et grâce à Maud qui multipliait les caresses, j'ai adopté le vers blanc, qui varie indéfiniment les effets. Je bois à la créancière des doubles joies de mon corps et de ma muse. A Maud ! Qu'elle soit plus belle que la nuit revêtue de ses milliers d'étoiles ! plus brillante que Jupiter quand il apparut en flamme à la malheureuse Sémélé ! plus adorable que le monarque de la mer dans les bras azurés de la capricieuse Aréthuse ! Que mes lèvres aspirent son âme et qu'elle me rende immortel avec un baiser !

Tandis que Marlowe fourrageait la chevelure de sa maîtresse, les deux camps, momentanément pacifiés, poussèrent des hurrahs ! Robert Greene trinqua contre Thomas Sackville, George Peele contre Richard Edwards, Lyly contre Robert Wilmot.

Demeuré seul, car Heminge, Burbadge et Condell s'étaient mêlés aux groupes, Shakespeare récapitulait ce qui venait d'être dit, cherchant à en tirer une moralité, sinon une conclusion. Pourquoi ne s'en tiendrait-il pas à la profession de foi de Marlowe, après avoir substitué à la pâle Maud une maîtresse valant toutes les femmes, maîtresse idéale et fantasmagorique. Et dans la lueur incertaine des lumières, à travers la fumée des pipes, il entrevit encore l'Humanité !

CHAPITRE V

Une année s'est écoulée. Shakespeare a beaucoup
lu, beaucoup vu, beaucoup appris. Une de ses
plus vives impressions a été la représentation de
Tamerlan, au théâtre de la Rose, sous la
direction de Heuslowe et sous le patronage de
lord Strange, qui font depuis quinze ans concurrence à Blackfriars et qui, après s'être assurés la
collaboration de Greene, se sont décidés pour celle
de Marlowe. Dès le prologue il est demeuré étonné.
Marlowe a donné au drame un accent plus élevé.
S'il a exagéré la fougue jusqu'à la brutalité,
Shakespeare n'y a pas trouvé à redire. Le génie
est volontiers sauvage. Et tandis qu'il suivait avide
les péripéties du drame, voyageant dans la Perse,
la Scynthie, la Georgie, le Maroc, ne s'arrêtant
qu'à Babylone, tandis qu'il s'intéressait au vainqueur
de Bajazet assez fier pour défier jusqu'à Mahomet,
il considérait les spectateurs et constatait que, si
la critique se montrait rétive, le peuple, cette partie
la plus saine des salles de spectacle, pris aux
entrailles, débordait d'enthousiasme.

Durant ses méditations sous les grands arbres
de Stratford et depuis son installation à Londres,

il avait longtemps hésité. A cette heure il a vu passer les traditions du moyen âge, les personnages des annales scandinaves, écossaises ou saxonnes, puis, estompés par le lointain, les héros d'Homère, de Boccace, de Bandello, de Luigi da Porta, de Belleforest. Et de mémoire il a répété ce que Tamerlan dit à Chosroès : « Nos esprits, dont les facultés peuvent comprendre la merveilleuse architecture du monde et mesurer la course de chaque planète errante, et qui aspirent encore à la science infinie, nos esprits, toujours en mouvement, comme les sphères infatigables, nous obligent à nous examiner nous-mêmes et à ne jamais nous reposer, tant que nous n'avons pas atteint les fruits les plus mûrs de tous, ce qui fait le bonheur et la félicité, la douce jouissance d'une couronne terrestre... »

En possession de lui-même, il fréquente les comédiens de Hewinston Butts, la Compagnie de Pembroke, les Serviteurs de lord Strange, les Enfants de St. Paul. Il va de la taverne d'Appollus au club de *la Sirène*. Il boit, se grise avec Burbadge, Heminge, Condell, Sackville, Edwards, Nash, Lyly, Peele, Robert Greene, Christopher Marlowe et la pauvre petite Maud, qui, au premier verre de wisky, penche la tête sur l'épaule de son amant, — oiseau sans nid se confiant au poète sans logis ! On passe en revue la politique. On récapitule les chances de Leicester combattant l'Espagne. On commente les derniers moments de

Marie Stuart depuis l'instant où elle refusa le ministère du doyen de Peterborow, jusqu'à celui où le comte de Kent murmura *Amen*, en voyant tomber la tête de l'infortunée reine. On discute la loi contre les Jésuites et les prêtres catholiques condamnés à sortir du royaume dans l'espace de quarante jours, sous peine d'être criminels de trahison. On critique les gens et les mœurs. Marlowe lance l'anathème contre les rois financiers de Temple Bar et de Charing Cross ; Nash plaisante la robe noire et le toquet de velours des docteurs ; Greene anathématise le pantalon bouffant, la fraise à trois étages et les bottes à dentelles des gentilshommes. Peele rit à pleine bouche en racontant l'histoire d'une voisine ruinant son époux en maîtres italiens de *virginals* ou de *guiterns*. Lyly amplifie. Il connaît un gentilhomme qui s'amuse à faire fouetter ses valets dans la loge de son concierge, soulignant chaque coup d'un juron : « Par St. George ! » « Le pied de Pharaon ! » « Par mon corps ! » « Foi de soldat ! » « Foi de gentilhomme ! » ; ou d'un axiome : « Le chagrin tue le chat » ; « La queue en l'air, nargue pour le bourreau ! » Il a assisté, la semaine dernière, à une leçon d'armes donnée à un marchand. Et il imite la voix du maître : « Voyez-vous, Monsieur, n'élevez pas votre pointe au-dessus de cette position, dans quelque occasion que ce soit, et que votre poignard serve à parer. » Et comme le marchand voulait renouveler « le coup » : « Un coup, Monsieur, fi donc !

Quelle dénomination grossière! Dites donc la *stoccata!* Allons, prenez votre manteau, et nous irons dans quelque endroit où vous êtes connu, quelque taverne ou autre établissement de ce genre. Nous mangerons un morceau. J'enverrai chercher un maître d'armes, et il vous mettra en haleine, sous ma direction. Ensuite je vous apprendrai une botte secrète, et vous le tuerez au premier coup, si cela vous plaît. Je vous enseignerai, par le triple jugement de l'œil, de la main et du pied, à écarter la pointe de toute épée. Quand même votre adversaire vous attaquerait avec un pistolet, ce ne serait rien par ma main! Avec la même règle vous pourrez changer le trajet d'une balle, à moins que le pistolet ne vous envoie de la mitraille !... » Et comme l'assemblée rit, Sackville, oublieux de la gravité qui convient à un classique, affirme que l'*amuseur* de sa maîtresse est le bien-aimé d'une des plus grandes dames de la Cour. On l'aurait surpris chez elle, au milieu de la nuit, vêtu de jaune et de vert, coiffé d'un bonnet pointu et mettant dans sa poche dix pièces à l'Ange, cadeau de la belle satisfaite. Kid, un esprit contradicteur, interrompt Sackville pour affirmer qu'il se trompe autant qu'il est trompé. Au même moment Loodge en appelle aux dieux, s'il est permis de posséder une maîtresse dont l'amuseur est un clown.

A ce mot de clown une voix s'élève :

— Quel est l'homme assez gras de langues salées et de caviar, assez empuanti de l'odeur des cuisines de Ram's Alley, pour se permettre de mépriser le clown, ce héros de la comédie britannique qui, depuis si longtemps, aide les spectateurs à digérer vos tirades en les interpellant au moment où languirait l'action[1]? Le clown, qui est à la comédie, à la tragédie, à tous les genres, comme la lune à la nuit, et le soleil au jour !

L'exclamation a été poussée par un individu que font remarquer sa chevelure rousse, ses yeux louches, un nez gravement endommagé un jour où il voulait séparer des chiens et des ours, son bonnet boutonné et sa façon de se tenir sur l'orteil[2]. On applaudit, car l'interlocuteur n'est autre que Tarleton.

Burbadge lui fait signe. Il s'avance, et reconnaissant Shakespeare :

— N'est-ce pas vous qui, tout à l'heure, à Black-

1. Dans une pièce de Brome intitulée *les Antipodes*, laquelle fut représentée en 1638, une pantomime (*By Play*) est intercalée. Dans cette pantomime, on voit un certain lord Letoy qui donne aux clowns des instructions sur la façon dont ils doivent jouer, instructions d'où il résulte que les clowns avaient l'habitude d'interpeller le public.

Let   Allez et soyez prêts.
Vous, Monsieur, vous êtes incorrigible :
Vous vous permettez d'ajouter
A vos rôles ce qui vous passe par la tête ; quelquefois
Vous changez, vous raccourcissez ce que l'auteur
A composé avec soin et avec adresse, et quand
C'est à votre tour de parler à vos camarades sur la scène,
Vous liez conversation avec l'auditoire.

Bip   C'est un procédé, Milord, qui était autorisé
Sur les plus anciennes scènes pour provoquer la gaîté et les rires.

Let   Oui, à l'époque de *Tarleton* et de *Kempe*,
Où le théâtre était encore barbare,
Où il n'avait pas atteint la perfection dont il brille aujourd'hui.

2. *Kinde. Harts Dreame*, Henry Chettle, 1592.

friars, avez présenté un turban au géant Agrapardo, roi de Nubie, digne émule de son frère Angulafer ? Bravo, camarade. J'ai vieilli dans le métier, comme en peuvent témoigner mes compatriotes du Shropshire, qui n'ont jamais manqué une occasion de me fêter et de m'applaudir. Jamais je n'ai vu présenter turban avec autant de grâce !

Shakespeare ne prend pas la plaisanterie en mauvaise part. Il connaît l'humeur de Tarleton. Il a pour lui un certain respect, car Tarleton est plus qu'un clown : un improvisateur. Depuis plus de vingt ans il excelle dans la façon de se présenter au public, de lui parler, ainsi que viennent d'en témoigner le Dr Cave en son livre *De Politica*, publié à Oxford, et plus récemment, à deux reprises, les gens de Bishopsgate Street, au Bull, où l'on donnait *la Fameuse Victoire d'Henri V*[1]. La semaine dernière, comme Tarleton s'agenouillait pour demander à son père de le bénir, un spectateur des galeries lui a envoyé une pomme en pleine figure. Tarleton a ramassé la pomme, s'est avancé vers le public et a improvisé ce quatrain :

« Gentlemen, cet individu dont la tête est faite ainsi qu'une pomme[2],
« Au lieu d'une reinette m'a jeté une pomme sauvage.
« Mais, comme pour une reinette, il m'a jeté une pomme sauvage,
« Ainsi au lieu d'une honnête femme, Dieu lui a envoyé une
[coquine. »

1. Ne pas confondre avec l'*Henri V* de Shakespeare.

2.   « Gentlemen, this fellow, with his face of mapple,
        « Instead of a pipin hath thowne me an apple ;
        « But as for an apple he hath cast a crab,
        « So instead of an honest woman God hath sent him a drab. »

Dire à quelqu'un qu'il possédait une « tête de pomme » était

Et le spectateur possédant, en effet, une coquine pour épouse, le public a fait une ovation à Tarleton. Le lendemain, au même théâtre, au moment où le juge devait recevoir un soufflet, Tarleton s'est aperçu que le susdit juge n'était pas en scène. Que fait-il? Il prend le rôle à son compte, et Knel, qui joue le personnage d'Henri V, soufflette Tarleton, à la grande hilarité du public. Aussitôt le juge d'entrer. Tarleton reprend ses habits de clown et s'adressant au juge : « Que n'étais-tu là? Tu aurais vu le prince Henry appliquer un terrible soufflet au juge! Quel homme pour rosser ainsi la justice! » — « Cela peut-il être? » interroge le partenaire. « Absolument, réplique Tarleton. Un soufflet si terrible que son contre-coup me brûle encore la joue. » Et les spectateurs de crier : « Hurrah ! » Tarleton est auteur. On vient de jouer avec succès son drame intitulé *les Sept Péchés capitaux*[1]. Enfin c'est un favori. La reine ne saurait

alors une plaisanterie courante. A Stratford, on raconte encore que Shakespeare compara la figure bourgeonnée d'un forgeron ivrogne à une pomme. Le forgeron l'ayant accosté sur le seuil d'une mercerie :

— Mr. Shakespeare, dites-moi, si vous pouvez, la différence qui existe entre un adolescent et un jeune homme?

— Fils du Feu, dont la figure ressemble à une pomme, répliqua Shakespeare, la même qu'il y a entre une pomme échaudée et une pomme un peu cuite.

La même comparaison d'une tête à une pomme existe dans la *Comédie des Erreurs*.

1. *Les Sept Péchés capitaux*, *The Seven deadly Sins*, n'ont jamais été imprimés. Gabriel Hervey y fait allusion dans son pamphlet, *Four Letters*. Une pièce de Greene porte le même titre.

s'en passer. Elle l'a nommé, il y a trois ans, « Groom of the Chamber ». Est-elle prise par la mélancolie? son premier soin est de le faire appeler[1].

— Or donc, Mr. Shakespeare, vous voilà comédien. Quel genre ambitionnez-vous? Je vous conseille celui de clown, comme je l'ai conseillé à William Kempe, qui songe à me succéder. Le fat! Le plus bel emploi, Mr. Shakespeare, bien qu'en ait pensé Marlowe dans le prologue de son *Tamerlan*. Demandez à Robert Wilson qui se dit mon rival. Amuser l'auditoire après la pièce, improviser sur des thèmes fournis par les spectateurs[2], ou chanter un jig[3] en dansant, accompagné par un tambourin et une flûte, comme cela se passait en Grèce et à Rome, où les clowns étaient appelés *Exodiarii* et *Emboliariae!* Je ne parle pas de ces clowns qui s'habillent en femme pour jouer des pastorales ou interpréter des romances plus ou moins lascives, mais de ceux dont l'humeur met en relief la gaîté anglaise. Cela conduit à la Cour, *my good fellow* Il y a quelques mois, j'accompagnais la reine en son château. Comme je passais avec la reine

---

1. « When queen Elizabeth was serious (I dare not say sullen) and out of good humour, he could condumpish her at his pleasure. » *Fuller*.

2. « Je me souviens d'avoir assisté une fois à une représentation à la campagne. A la fin de la pièce, on jeta à Tarleton le sujet qui suit :

Tarleton, je suis un de tes amis et non un de tes ennemis,
Je te prie donc de nous dire comment tu as pu te procurer un nez aussi camus.

Tarleton répondit immédiatement au défi en improvisant quatre vers que je n'ai pu retrouver. » *Tarlton's Jeasts*, 1611.

3. Le *Jig* était une composition en vers.

devant une horloge, Sa Majesté me fait observer que celle-ci ne marche plus. « Majesté, lui dis-je, le temps lui-même, qui vous est soumis, aura cessé d'avancer en voyant vos sujets jouir de votre auguste présence. » « Non, Tarleton, me répond-elle, c'est moi qui ai fait arrêter l'horloge, craignant qu'elle ne sonnât le signe de votre départ. »

Shakespeare sourit, Burbadge témoigne d'une gaîté sonore, Tarleton s'est assis sur la table, les jambes croisées, le bras droit en l'air, comme s'il débitait une improvisation...

Mais le plus souvent la littérature l'emporte, et lorsque chacun a dit son mot, Marlowe prend la parole. Depuis plusieurs semaines il revient sur le même sujet devenu une hantise :

— Un jour, un certain Faust, citoyen de Mayence, offrit une Bible in-folio au roi Louis XI, qui, en échange, lui octroya l'autorisation de vendre de pareilles Bibles à Paris. Les moines, s'étant émus de la concurrence, accusèrent de sorcellerie Faust, qui fut condamné à être brûlé vif. Quand on vint pour l'extraire de son cachot, il avait disparu, étant retourné à Mayence, où, pour se venger du clergé, il imprima le *de Officiis* de Cicéron avec cette inscription en lettres rouges : *Præsens Marci Tulli Ciceronis clarissimum opus Johannes Faust Maguntinus civis, non atramento, plumali canna neque aerea sed arte quadam perpulchra Petri manu pueri mei feliciter effeci. Finitum anno MCCCCLXV.* Faust revint à Paris. Il y amena la peste et disparut sans qu'on en entendît plus jamais parler. Cela se passait en 1466. L'aventure est racontée avec amplifications par des moines allemands et traduite par Palma Cayet. Faust y devient le fils d'un paysan de Weymar. Il se fait recevoir docteur, fréquente une école de magie, s'improvise astrologue et mathématicien, enfin renie Dieu. Un soir, s'étant rendu dans la forêt de Mangealli, il s'arrête au milieu d'une croisée de quatre chemins et invoque le diable qui lui apparaît successivement sous la forme d'un griffon, d'un dragon puant le soufre, d'une étoile, d'une poutre enflammée, de six globes de feu, enfin d'un moine gris. Faust lui demande son nom. Le diable répond qu'il s'appelle Méphistophélès. Faust se décide à lui donner son âme, à condition qu'il lui procure; pendant vingt-quatre ans, toutes les choses nécessaires à son corps, son cœur, sa chair, sa santé. Au bout de la vingt-quatrième année, Faust voit approcher sa fin. Il réunit dans un repas ses anciens amis et leur annonce qu'il va mourir. Aussitôt sa cervelle, ses yeux et ses dents sont projetés contre la muraille; sa tête est écrasée, ses os brisés, son corps horriblement mutilé.

Tandis que Maud, effrayée du récit, se serre plus étroitement contre son amant; tandis que Greene et Peele observent l'intérêt que Shakespeare prend à la légende, Marlowe esquisse à grands traits ce qu'il veut faire de Faust : un sublime incrédule se vouant à la science, un voluptueux sacrifiant aux plaisirs des éternités de vie.

— Coupée est la branche qui aurait pu grandir

jusqu'à la pleine maturité; brûlé est le rameau du laurier d'Apollon, qui croissait naguère dans ce savant. Faust n'est plus! Regardez son infernale chute, et puisse sa destinée diabolique engager le sage à n'avoir que de l'étonnement pour les choses défendues, dont l'étude approfondie entraîne les esprits aventureux à des pratiques interdites par la puissance céleste!

Maud attendait la fin de l'histoire pour demander à son amant si la poussière de rubis donnait l'amour.

CHAPITRE VI

Ce soir-là, après avoir travaillé à un *Titus Andronicus*, de Kid, Shakespeare repassa la conversation de Marlowe, relativement à Faust, et un souvenir lui revint.

A Stratford, le bruit ayant couru d'une fête offerte par Leicester à la reine Elisabeth, John Shakespeare, en relation avec un serviteur du château de Kenilworth, y conduisit William alors âgé de douze ans. Sur le dos d'un domestique, l'enfant assista au plus magnifique spectacle qu'il fût possible d'imaginer.

Au milieu d'un lac, un immense bâtiment orné d'armoiries rappelant de puissants seigneurs. Sur les créneaux, en sentinelles, des géants portant l'uniforme des soldats d'Arthur et armés de massues. Devant la porte, un colossal portier chaussé de sandales noires retenues par des courroies de cuir rouge, vêtu d'une peau d'ours, d'une jaquette de velours écarlate et d'une culotte de la même étoffe. Partout la haie des soldats et des seigneurs. Un murmure s'élève. S'avance la reine, montée sur un cheval blanc. Elle est précédée de deux cents cavaliers tenant des torches de bois résineux et suivie de cent amazones, ses dames d'honneur. Après la reine, le comte de Leicester habillé de blanc : bas de soie blancs, tricotés ; culotte de velours blanc doublée de drap d'argent visible à travers les échancrures pratiquées le long des cuisses ; justaucorps de velours blanc brodé de perles. Son ceinturon, attaché par une boucle d'or, est aussi de velours blanc comme le fourreau de son épée, celui de son poignard. Par dessus flotte un manteau de satin blanc. Autour du cou le collier de l'Ordre de la Jarretière, au genoux droit la jarretière d'azur. Derrière le favori un écuyer tenant à la main une toque de velours noir enrichie d'une agrafe de diamant et surmontée d'une plume blanche. Une musique se fait entendre. Sur le lac glisse une île flottante traînée par des chevaux marins que montent des Tritons, des Néréides et autres divinités. Sur l'île une femme admirable dans une tunique céleste, serrée par une ceinture où sont gravés des caractères mystérieux. Elle est couronnée de gui. A la main elle tient un bâton d'ivoire. C'est la fameuse Dame du Lac, célèbre dans les histoires du roi Arthur. Celle qui a nourri la femme du redoutable Ancelot, celle dont la beauté a triomphé des charmes du puissant Merlin.

Kenilworth l'entraîne hors du domaine des réalités. Le voilà dans le monde invisible. Bonsoir, gnôme, qui garda le roi Ovegder dans le palais du dieu Odin. Bonsoir, le commensal vénéré des familles écossaises, lutin aux cheveux bouclés, cheval pour les traînards qui reviennent en clopinant des fêtes, cheval qui les charge et les fait

errer à travers bois, marais et ronces. Ho ! ho ! ho !
Voici bientôt l'instant du souper. Ne te régaleras-
tu pas de punch et de sucreries ? Ne boiras-tu
pas les vins ? Souffleras-tu les chandelles ? Embras-
seras-tu les femmes ? Ho ! ho ! ho ! Le souper est
fini. C'est l'heure où le loup hurle, le laboureur
ronfle, les torches pétillent en s'éteignant, tandis
que la chouette rappelle au misérable le souvenir
du linceul ; où les tombes, larges, béantes, laissent
échapper leurs spectres pour qu'ils courent sur le
chemin de l'église ! Bonsoir, sylphe, amant de la
nature dont tu portes la livrée : sylphe des collines, du ruisseau, des étangs, des bosquets. De tes
pieds sans empreinte, va sur les plages chasser
Neptune, quand il se retire, et fuis-le quand il
revient. Au clair de lune trace dans l'herbe des
cercles amers où la brebis ne broutera pas. Salut
à vous, filles de Mélusine, fées amantes des hommes.
Nourrissez-moi de grappes pourpres et de figues
mûres. Je déroberai aux abeilles leurs sacs de
miel, je couperai leurs cuisses enduites de cire et
je les allumerai aux yeux enflammés du ver lui-
sant pour illuminer nos rondes !

Évanouis, tous les fantômes d'Obéron, de Caliban,
de Miranda, de Puck, de Titania et d'Ariel. Kenilworth réapparaît, mais sous un autre aspect. La
reine n'est plus qu'une vierge en appétit d'impos-
sibles amours. Leicester n'est plus que l'assassin
d'Amy Robsart, l'amant soudoyé d'Élisabeth, le
prétendu désavoué de Marie Stuart, le tortionnaire
de lady Sheffield. Ces seigneurs, des courtisans.

Ce peuple, un composé de valets. Puisque les mêmes faits et les mêmes personnages peuvent être considérés sous des aspects si différents, puisque la vie est une confusion de ce qui est faux avec ce qui est vrai, pourquoi l'art ne procéderait-il pas de ce double état ? Pourquoi l'artiste n'allierait-il pas le rêve et la réalité ? Et comme tout à l'heure il avait entrevu les héros de ses féeries, il prévoit maintenant ceux des drames futurs.

« Arrête, illusion, s'il y a à faire une bonne action qui puisse contribuer à ton soulagement et à mon salut, parle-moi. Si tu es dans le secret de quelque malheur national, qu'un avertissement pourrait peut-être empêcher, oh ! parle-moi ! Ou si, pendant ta vie, tu as extorqué et enfoui un trésor dans le sein de la terre, ce pourquoi, vous autres esprits, vous errez souvent, dit-on, après la mort, parle-moi ! »

L'œuvre est donc mûre. Demain Shakespeare en reparlera à Burbadge.

CHAPITRE VII

Justement Burbdage est de belle humeur. Il a reçu pour sa fête un pourpoint brodé et un plateau d'échecs. De plus il est à court de pièces. Shakespeare n'a pas fini de retoucher *Andronicus*. Enfin, ô hasard ! tandis que Shakespeare relisait *Hamlet*, Burbadge le parcourait à nouveau et convenait que le rôle d'Hamlet était décidément beau.

Là je sens la nécessité d'une grande parenthèse.

De nombreuses discussions ont eu lieu dans le but d'établir la date exacte des débuts de Shakespeare, comme auteur dramatique. Nous-même avons cherché à la préciser. Il serait de mauvais goût de notre part d'initier le lecteur aux émotions de nos recherches ; mais, pour lui donner une idée de la perturbation qu'un semblable travail peut jeter dans l'esprit, nous le ferons confident des incertitudes de Malone, un des plus respectables Shakespearisants de l'Angleterre.

Malone parcourt le *Discours sur la poésie anglaise*

de Webbe, publié en 1587, y relève les noms des dramatiques célèbres de l'époque et ne trouve pas la moindre allusion à Shakespeare. Il compulse *la Poésie anglaise*, publiée par Puttenham, trois ans après. Le nom de Shakespeare en est absent. Il lit l'*Apologie de la poésie*, placée par John Harrinston en tête de sa traduction de l'Arioste, et mise en vente en 1590. Même oubli ou même indifférence. On lui indique les *Larmes des Muses* de Spenser, volume imprimé en 1591. O bonheur ! Il tombe sur un passage où Thalie déplore la disparition de *Willy*. Ce Willy, c'est Shakespeare. La preuve en est que ce même passage a été inséré par Rowe dans sa première édition de la *Vie de Shakespeare*. Oui, mais dans sa seconde édition Rowe a supprimé le passage en question. Aurait-il donc changé d'opinion ? Qui le rassurera ? Malone s'en fie à Dryden. Qu'importe, répond Dryden, le sentiment auquel a cédé Rowe. Les vers de Spenser concernent bien Shakespeare ; toutes les épithètes employées s'y rapportent. Spenser le qualifie de « gentle spirit », qualification que dans leurs préfaces ont employée tous les comédiens de son temps. Malone reprend espoir, lorsque le Dr Farner apparaît pour faire observer que le nom de Willy a été donné à des poètes du temps de Shakespeare qui n'avaient pas été baptisés William. Ainsi, dans une églogue sur la mort de sir Philippe Sydney, églogue facile à retrouver dans la *Rhapsodie poétique* de Davison (1602), Philippe Sydney y est appelé Willy.

Willy is dead
That wont to lead
Our flocks and us, in mirth and shepheard's glée, etc.

Il faut avoir « chassé la date » pour s'imaginer les émotions d'un pareil sport. Il faut l'avoir vue surgissant au milieu d'un amas de volumes, de manuscrits, de notes, puis disparaissant, à la découverte d'un renseignement nouveau, pour briller plus probante ou s'effacer à jamais. C'est qu'aux chercheurs, aux érudits, aux reconstructeurs, la date est l'étoile qui conduisait les bergers à la crèche.

Mais, poursuit Malone, quel que soit le poète visé par Spenser, il est certain que Shakespeare a commencé d'écrire pour le théâtre, qu'il avait même provoqué la jalousie de ses contemporains, avant le mois de septembre 1592. Le fait ressort d'un alinéa extrait par Tyrwhitt du pamphlet de Robert Greene, *Un Sou d'esprit acheté avec un million de repentirs (Groatsworth of Witte bougth with a million of Repentance)*, pamphlet dans lequel existe une allusion évidente au nom de notre auteur et à un passage de la *Seconde partie du roi Henri VI*. Dans cet alinéa, Robert Greene en appelle à ses frères en poésie et les dissuade d'écrire pour le théâtre à cause des mauvaises façons dont en usent les comédiens. Il s'adresse d'abord à Marlowe, le poète le plus populaire et le plus estimé ; puis à Thomas Lodge, puis à George Peele. « A toi qui « n'es pas moins méritant que les deux autres,

« quelquefois plus intéressant et qui ne leur es
« jamais inférieur, à toi, réduit comme moi aux
« suprêmes expédients, j'ai peu à dire, car ce serait
« un serment d'idolâtre de te jurer par le doux
« S^t. George que tu seras indigne d'un sort
« meilleur, tant que tu dépendras d'une aussi basse
« condition. Je vous considérerai tous trois comme
« gens de peu d'esprit, si ma misère ne vous sert
« pas d'avertissement; car nul de vous trois n'a
« cherché à éviter mes blessures, à se détacher de
« ces marionnettes qui ne parlent que par notre
« bouche, de ces déguisés à nos couleurs. Ne vous
« fiez pas à eux, car je sais une corneille parvenue,
« parée de nos plumes, qui, avec ces cœurs de tigre
« dissimulés sous des manteaux de comédiens,
« s'estime aussi capable de boursoufler un vers
« blanc que le meilleur d'entre vous, et qui n'étant
« qu'un Johannes factotum se croit l'unique *shake-*
« *scène* du pays. »

La brochure n'a pas été écrite longtemps avant
la mort de Greene, puisqu'on y parle de sa maladie et de sa faiblesse. Or, selon Gabriel Harvey,
Greene a succombé le 3 septembre 1592. Malone
fouille à nouveau les bibliothèques. Il tombe sur
un autre pamphlet intitulé : *Kind Harts Dreame*,
dû à Henri Chettle, l'éditeur d'*Un sou d'esprit*,
publié entre septembre et décembre 1592, et dans
lequel Chettle s'exprime ainsi : « Trois mois après
la mort de Mr. Robert Greene, lequel avait laissé
de nombreux papiers entre les mains de divers
libraires, on trouva une lettre écrite à différents

auteurs, et qui fut, par deux d'entre eux, considé-
rée comme une offense. Ne pouvant pas se venger
sur un mort, ils s'obstinèrent à inventer un vivant
et, après avoir tergiversé, s'adressèrent à moi. On
sait combien, tout le temps que j'ai exercé les fonctions d'imprimeur, je me suis opposé aux invec-
tives. Je ne connaissais pas le premier offensé;
pour ce qui est du second, je demeurai aussi con-
trarié que s'il y avait eu de ma faute, car j'ai pu
me convaincre par moi-même que sa conduite à
mon égard était aussi correcte qu'il possédait de
talent dans sa profession. D'ailleurs nombre de
ses admirateurs ont raconté la droiture de son
caractère, plaidant en faveur de son honnêteté, de
la grâce facétieuse de ses écrits et de son art. »

Malone n'hésite plus. Les deux auteurs qui se
sont émus du pamphlet de Greene sont Marlowe et
Shakespeare, et puisque Chettle reconnaît du talent
à Shakespeare, c'est que Shakespeare avait écrit
plus d'une œuvre avant la fin de l'année 1592. Et
Malone est dans le vrai.

Mais où Malone se trompe, c'est sur la date de
la première représentation du premier *Hamlet*.
Dans sa préface à l'*Arcadia* de Greene, préface
intitulée : *Une Lettre aux étudiants des deux Universités*, et publiée en 1589, Nash fait allusion à un
Hamlet. « Il est manifeste, en conclut Malone,
qu'un drame tiré de l'histoire d'*Hamlet* a été
joué avant l'année 1589. J'incline à croire qu'il
n'était pas de Shakespeare, mais de Thomas Kyd. »
L'opinion de Malone a longtemps prévalu, et elle

prévaudrait encore si l'on n'avait découvert, en 1825, un exemplaire in-quarto, daté de 1603, d'une œuvre ayant pour titre : *la Tragique Histoire d'Hamlet, prince de Danemark, par William Shakespeare*. On examina l'exemplaire. Il s'agissait d'un *Hamlet* beaucoup plus court que l'autre, contenant des scènes nouvelles ou différemment disposées. Le rôle de la reine s'y trouvait modifié. Les noms d'un certain nombre de personnages y étaient changés : Laertes s'y appelait Leartes ; Rosenkrantz, Rossenkraft ; Zuildenstern, Gildestone ; Polonius, Corambis ! Cet *Hamlet* primitif était celui que Lodge avait mentionné en 1596, Henslowe en 1594, et Nash en 1589. Le premier *Hamlet* de Shakespeare a été écrit à Stratford-sur-Avon et confié à Burbadge au mois de janvier 1586.

CHAPITRE VIII

Durant l'année 1587, les citoyens de Londres n'avaient pas eu de repos. Après avoir suivi la flotte de sir François Drake, s'ouvrant un chemin jusqu'aux Indes occidentales, concentré leur attention sur la malheureuse campagne contre les Espagnols : le siège de Zutphen où Philippe Sydney avait trouvé une mort aussitôt chantée en vers latins par le roi d'Ecosse ; après s'être intéressés aux manœuvres d'Elisabeth du côté de l'Ecosse et aux péripéties de la conspiration d'Antony Babington, il leur avait fallu assister à l'exécution de Marie Stuart et à l'échec de Leicester en Hollande. Mais, ce jour-là, tout était oublié, on allait jouer au théâtre de Blackfriars une tragédie intitulée *Hamlet*, d'un débutant appelé William Shakespeare.

Depuis dix heures du matin, soldats à casaques brunes, domestiques à livrée, apprentis au toquet plat, filous en haillons, écoliers, bourgeoises, filles de joie, à pied, à mule, à cheval, en carrosse, accourent de Westminster, de Holbourne, de Sᵗ.-Giles, de Chepside, de Corn Hill, de Minories Cross, des campagnes de Charing Cross, des bois

de Clarkenwall, des prairies avoisinant Dogge
House, de Lambeth March ou de Winchester
Place, se dirigeant vers le drapeau qui flotte au
sommet de Blackfriars, aux couleurs rouges et
bleues signifiant que les fenêtres seront fermées,
que la pièce sera jouée aux lumières, que le
théâtre est privé (*Private Play House* [1]). La salle
est exiguë, les places seront rares, et le théâtre
de Blackfriars est réservé à la meilleure catégorie
de citoyens, comme doivent le savoir ceux qui ont
vu l'*Héritier Honteux* de Shisley [2]. Mais il s'agit
d'une première sensationnelle. Tant pis si l'on
n'en surprend que l'écho.

A une heure la foule se promène autour du
théâtre hexagonal, construit en bois par Burbadge sur l'emplacement du couvent de Blackfriars. On échange des saluts et des nouvelles au
bruit assourdissant des bateleurs, des débitants de
tabac ou de fruits et des marchands de pamphlets.
Puisque nous connaissons Burbadge, entrons
avant le public. Nous demanderons au directeur
la permission de visiter la salle. Le voici justement avec quelques-uns de ses camarades, portant
encore les couleurs du lord chambellan, une nou-

---

1. Decker's, *Seven Deadly Sinns of London*.
2. La supériorité de Blackfriars résulte encore d'un passage
extrait de la préface de Heminge et Condell aux œuvres de
Shakespeare.

« And though you be *a magistrate of wit*, and fit on the stage
at *Blackfriers*, on te Cockpit, to arraigne plays dailie, know
these plays have had their trial already, and stood out all
appeales. »

velle exigence contre laquelle, le jour de leur engagement, ils ont reçu 4 mètres d'étoffe écarlate pour le manteau, et 25 centimètres de velours pour le bonnet. La permission octroyée, examinons, le dos tourné à la scène. Sur trois côtés de la salle ont été construites des loges (*room*), supportant des galeries superposées (*scaffold*). Devant les loges et les galeries, le parterre (*pit*) [1], faisant face à la scène. Les galeries et le parterre sont aux mêmes prix : six pences. Ailleurs ils ne coûtent que un penny ou deux pences. Mais, nous l'avons dit, le théâtre de Blackfriars est fréquenté par un public de choix. Les loges représentent deux shillings, un shilling plus cher qu'autre part. Pour la circonstance, un lavage général a été fait.

Une sonnerie de trompettes. C'est un signal. Les gentilshommes, les beaux esprits, la critique, entrent par la salle des répétitions (*tiring room*), soulèvent une traverse et se précipitent sur la scène. Ils se tiendront debout, s'assoiront sur des nattes de jonc [2], ou, pour un supplément de deux shillings,

---

1. De Percy suppose que ce nom de *pit* provient de ce qu'un théâtre aurait été autrefois un *cock-pit*, une arène pour les combats de coqs.

2. « Si vous êtes debout, ne vous sauvez pas comme un canard, mais saluez plutôt vos connaissances étendues sur des joncs. » Deckeer's. Guls Hornebooke.

> Je ne voudrais pas être montré du doigt comme lui.
> Désigné comme un beau courtisan, un homme à femmes.
> Contant des histoires à Madame, lui déchiffrant des énigmes,
> La faisant monter en carrosse, ou se couchant à ses pieds.
> A une solennité de masques.

D'après un passage d'*Henri IV*, il est permis de présumer que

sur des tabourets[1]. Tout à l'heure vous verrez les gentilshommes tendre la main vers leurs pages pour réclamer la pipe et le tabac. Aussi bien ils ont leur cérémonial. Il a pour titre : *How a Gallant should behave himself in a play-house ; Comment un gentilhomme doit se conduire au théâtre.*

Gentilhommes, beaux esprits et critiques causent, discutent, font tapage en attendant le lever de la toile ou l'écartement des rideaux. Quelques-uns s'amusent à parcourir la plate-forme qui domine la scène de huit ou neuf pieds et qui servira de fort, de montagne pour des guerriers, de balcon pour des amants ou d'Olympe pour des dieux. D'autres essayent les loges construites à chaque extrémité de la plate-forme (*private boxs*), loges que certains louent par économie ou originalité.

se coucher aux pieds d'une dame n'était pas une mode inaccoutumée :

> Elle vous invite à vous étendre sur les joues folâtres,
> A poser votre jolie tête sur son sein,
> Et elle vous chante la romance que vous aimez.

On sait que durant la représentation devant le roi et la Cour de Danemarck Hamlet s'asseoira aux pieds d'Ophélie. L'auteur placera le jeune prince dans la même situation que les protecteurs Essex ou Sonthampton aux pieds de quelque beauté célèbre.

1. Les mieux apparantés et les plus à la mode
Parmi les galants sont ceux qui se tiennent à cheval sur un tabouret,
Qui écoutent de la scène, qu'on appelle des gentilshommes au tabouret
de 12 pences.

The Roaring Girl, comédie de Middleton et Decker, 1611.
2. Steevens.

Seconde sonnerie de trompettes. Le peuple se précipite, passe devant le receveur, un homme noir chargé de toucher le montant des places. Ce peuple, Nash va nous le décrire [1].

« Le parterre, dit-il, ressemble à un trou pro-
« fond creusé au-dessous du théâtre et les têtes
« des groundlings, understanders, proprié-
« taires fonciers, têtes basses, auditeurs de fon-
« dation — tels sont les noms que les seigneurs
« leur donnent — s'alignent sur une ligne paral-
« lèle à nos genoux. Parmi ces understanders, ce
« ne sont que manteaux de cuir, vestes de bou-
« racan, surtouts de poils de chèvres, capes de
« purpétuana ou d'étoffe sempiternelle, bonnets
« plats et pourpoints de serge noire. « Gud's lid !
« Gad's eye ! God !... ». Tous les jurons qui blas-
« phèment Dieu dans toutes les parties du corps
« qu'on lui attribue retentissent et se croisent. Les
« seigneurs qui nous entourent font la moue au
« peuple et rient à sa barbe. Voici les clameurs
« qui recommencent. Les understanders, les gens
« du parterre, les casseurs de noisettes [2] ne nous
« épargnent pas, comme vous voyez. La scène est
« couverte des débris de leur festin improvisé, de
« pelures d'oranges, de bouchons, de fragments
« de saucisson et de cailloux. Les marchands de
« pommes, de tabac et de vin [3], cherchent à dominer

1. Nous nous rencontrerons souvent avec Philarète Chasles ; cela tient à ce que nous avons forcément puisé aux mêmes sources.

2. Ben Jonson, *Staple of News*.

3. Heutzner's *travels*.

« le tumulte. *Fiddins, pipins! Nuts, nuts! Ta-*
« *bacco-pudding!* Les uns fument, les autres
« jouent aux cartes, ou trinquent. »

Et après les gens du parterre, les spectateurs
des loges et des galeries, parmi lesquels la bour-
geoise de la Cité, la *femme de fil d'archal*[1] ou la
cocktatrice. Cette dernière catégorie ne prend
place qu'après le parterre, de crainte des mauvais
frottements. Le public entré, les fenêtres se ferment
et la salle s'éclaire[2] à l'aide de falots[3]. Le tapage
commence. Les uns lisent tout haut des poésies
nouvelles[4], d'autres jouent aux cartes[5], dé-
bouchent des bouteilles d'ale[6], se jettent à la tête
des noix ou des pommes achetées à l'entrée, ou
s'amusent à agacer les dogues qu'ils tiennent en
laisse. Sur la scène, les gentilshommes crient

1. Dekker, *Satiromastix.*

2. En 1664, Fleckno se plaint encore de la façon dont la scène
est éclairée : « Dans l'art ancien de la scène, les Italiens sont
passés maîtres ; les Français ont fait de réels progrès, mais en
Angleterre nous ne sommes que des écoliers. C'est ainsi que
nous ne savons pas encore disposer les lumières pour le meilleur
éclairage de la scène. » *Short discours of the English stage.*

3. Voyez le dictionnaire français de Colgrave au mot falot. « A
cresset light (*such as thoy use in play houses*), made of ropes wreat-
ched, pitched, and put into small an open cage of iron. Un fanal
(comme en emploient les théâtres) fait de cordes dressées et
enduites de poix introduites dans de petites cages de fer
ouvertes ».

4. *Satires.* Fitz Jeoffery.

5. *Guls Hornebook.*

6. « Il n'y a pas de poète plus habitué à l'insuccès, à l'effondre-
ment de sa nouvelle pièce, quand il a épié derrière le rideau si
tremblant que le débouchement d'une bouteille d'ale lui semble
un coup de sifflet. » *The Woman Hater*, comédie de Fletcher.

après leurs pages trop lents à bourrer les pipes
qu'ils leur tendent[1]. Dans les loges, les bourgeoises
et les courtisanes appellent ostensiblement les
marchands de tabac, car elles aussi fument des
pipes dont les longs tuyaux vont se perdre sous
les plis de leurs voiles[2] ; sans compter le heurt des
table-books, réclamées par les spectateurs désireux
d'écrire à la volée le texte des principaux passages
de la pièce[3]. Cependant les musiciens s'asseoient
en avant du parterre. Ils joueront pendant les
entr'actes pour entretenir le public[4]. L'orchestre se
compose d'une trompette, d'un cornet, d'un haut-
bois, d'un luth, d'un flageolet, d'une viole et d'un
orgue[5]. A cette heure ils touchent dix pences par

1. Quand le jeune Rogero va au théâtre,
Son plaisir est que vous le placiez sur la scène,
Où il est le mieux pour manifester
Et où, comme il convient, l'attend son page
Dont l'unique besogne consiste à bourrer sa pipe.

(*Springes for Woodcoks*, Henry Parrot, 1613.)

2. Dekker, *Satiromastix*.

3. « Je suis de ceux qui ont vu souvent la pièce et peuvent
donner à Heminge, Burbadge, etc., des indications pour leurs
rôles. Je les ai inscrites sur mon table book. » *Introduction au
Mécontent*, comédie de Marston.

L'usage du *table book* est encore confirmé dans le prologue à
La Femme qui Hait (*The Woman-Hater*) et dans *Every Man in his
Humour*, de Ben Jonson.

C'est à cet usage qu'il faut attribuer les copies défectueuses de
quelques drames de Shakespeare.

4. Les places étaient quelquefois changées pour les besoins de
la scène, laquelle se transformait pendant que la musique jouait.

5. Les dames tirent le rideau sur *Sophonisba.*
Les cornets et les orgues se mettent à jouer fort.
L'orgue se mêle au flageolet.
Les orgues, les violes et les voix s'unissent
Avec le luth grave et la viole aiguë.

Autant d'indications trouvées dans la mise en scène de la
Sophonisba de Marston, jouée au théâtre de Blackfriars.

tête. Dans quelques années, ils seront augmentés, car il leur faudra payer un impôt au Maître des Divertissements.

L'attention des spectateurs est tournée vers une loge qui vient de se garnir. On désigne la mère de l'auteur, Mrs. John Shakespeare, et sa femme Anne. Elles ont quitté Stratford-sur-Avon pour la circonstance et aussi afin d'avoir des nouvelles de William, qui, dans l'étourdissement de sa vie, oublie quelquefois le jour du courrier. Le père, John Shakespeare, est demeuré le gardien de Suzanne, de Judith et d'Hamnet. D'ailleurs il ne tient pas à être vu à Londres, où il a laissé des dettes. Et puis il ne s'entend guère aux choses d'art. Le principal pour lui serait que son fils devînt le plus tôt possible actionnaire du théâtre qu'il sait en prospérité. Un autre mouvement se produit, plus accentué. Lord Chambellan, comte de Leicester, fait son entrée. Il paraît pour la première fois en public depuis son rappel de Hollande, où gouverne à sa place Maurice, fils du prince d'Orange. Mais on ne voit en lui que le propriétaire de la Compagnie, un protecteur de la littérature, vanté par Roger Ascham, par Gabriel Harvey qui lui a dédié le second volume de ses *Congratulationes Valdinenses*, par Pietro Bizari, Carlus Utenhovius, Walter Haddon, Abraham Hartwell, Edward Grant et Jeoffrey Whitney, lequel vient de lui faire hommage de son *Choix d'Emblèmes*, en même temps que Horne mettait sous son patronage sa traduction des *Sermons* de Calvin.

Dans la coulisse, coiffé d'une perruque blonde, revêtu d'un costume noir à basques, le haut de chausses noué au-dessus du genou, Burbagde fait sa voix. « Monseigneur, ni le vêtement noir que je porte, ni les larmes qui restent encore dans mes yeux, ni la mine effarée de mon visage, ni aucun semblant extérieur, n'équivalent seulement au chagrin de mon âme. » Celui qui remplit le rôle de la reine Gertrude cherche à donner de l'élégance aux plis de sa robe blanche et à ajuster ses frisures. Ophélie constate devant un miroir si le barbier l'a rasé d'assez près. Shakespeare, couvert d'une armure, la tête surmontée d'un casque dont la lisière levée laisse voir un visage blême à barbe blanche [1], contient difficilement les battements de son cœur. Donnant du premier coup le meilleur de lui-même, il mesure la profondeur d'une défaite, puis l'élévation d'une victoire. Il entend son nom répété par la critique, les confrères, la foule. Il retentit dans Londres, dans toute l'Angleterre. L'écho en arrive à Stratford. Dans un éblouissement passager il revoit des rives en fleurs, des prairies : pâquerettes bigarées, violettes bleues, blanches cardamines, renoncules aux teintes jaunes. Attacher son nom à l'établissement de l'art dramatique en Angleterre. Avoir assez de génie pour synthétiser dans une philosophie rayonnante cette époque toute de naïveté, de magnificence et de bar-

---

1. La désignation de ces costumes est faite d'après la gravure que le commentateur Rowe a mise, en 1709, en tête de son édition de Shakespeare.

baric ! Et disparaître, cacher sa gloire dans le pays
natal, où fleurit le thym sauvage !

Troisième appel des trompettes.

La représentation commence.

— « Halte-là ! Qui est-ce ?

— « C'est moi.

— « Oh ! vous venez très exactement à votre
« faction.

— « Si vous rencontrez Marcellus et Horatio,
« mes compagnons de garde, dites-leur de se dé-
« pêcher. »

La deuxième sentinelle dit :

— « C'était justement la nuit dernière, alors
« que cette étoile, là-bas, qui va du pôle vers
« l'ouest, avait terminé son cours pour illuminer
« cette partie du ciel où elle flamboie maintenant.
« La cloche tintait seulement une heure... »

Shakespeare entre en scène.

A mesure que l'action se déroule, les gentilshommes laissent éteindre leurs pipes, la critique
demeure confondue, les confrères pressentent un
rival. Le public étonné, haletant, se livre, et les
habitués du *pit* ne songent plus à utiliser leurs
noix. Le comte de Leicester donne le signal
des applaudissements. Mrs. Shakespeare sourit,
Mrs. John Shakespeare pleure. Bientôt tous les
esprits sont tendus vers un but unique ; tous les
cœurs battent à l'unisson. Un homme, un nouveau
venu, un inconnu, commande en ce moment à
Londres. C'est l'enorgueillissement de Burbadge,
celui de lord Chambellan ; ce sera celui du royaume.

Ecoutez. La tragédie touche à sa fin. La poésie passe sur ces têtes qu'elle courbe ainsi qu'un ouragan, des épis. Burbadge est furieux comme la mer! « Poison pour poison. Meurs, damné scélérat! »

Et maintenant quatre capitaines peuvent porter Hamlet à son tombeau.

Durant des siècles, la postérité y déposera des fleurs.

CHAPITRE IX

Deux noms des interprètes de *la Tragique Histoire de Hamlet, prince de Danemark*, sont venus jusqu'à nous : Shakespeare et Burbadge. C'est tout. A la fin du xvie siècle, l'acteur était anonyme. Il le demeurera jusqu'au commencement du xviie.

Hence Pope a vu un programme imprimé en 1697 ; il ne donne que le titre de la pièce et l'heure de la représentation. En ce qui concerne *Hamlet*, son titre même sera contesté. Il en faut accuser la regrettable facilité laissée aux libraires de transformer les titres dans le but de les rendre attrayants pour l'acheteur. La modestie de Shakespeare n'eût point qualifié ses pièces de *Most excellent and pleasant perfomances*. Dans la seconde édition de *la Supplication du Diable*, qui date, de 1592, Nash se plaint de ce que l'imprimeur ait fait précéder sa première édition d'un titre pompeux : « Enlevez, écrit-il à son imprimeur, ce titre à longue queue (*that long-tayled tittle*), et ne laissez pas à la première page de mon livre d'ennuyeux saltimbanques faire le boniment au lecteur. » Le titre en question était tout simplement : *Pierce Pennilesse his supplication to the Divell, describing the over spreading of Vice and suppres-*

sion of Vertue. Pleasantly interlaced with variable delights, and pathetically intermixt with conceipted reproofes. Aussi bien le titre d'*Hamlet* ne sera pas le seul de Shakespeare qu'on ornera d'une longue queue ». Le titre du *Marchand de Venise* deviendra : *l'Incomparable Histoire du Marchand de Venise, avec l'extrême cruauté de Shylock le juif à l'égard dudit marchand, en coupant juste une livre de sa chair. Comme elle a été jouée plusieurs fois par les serviteurs de lord Chambellan. Ecrite par William Shakespeare 1600.* Le titre du *Roi Lear* sera : *M. William Shakespeare, ses trois chroniques historiques de la vie et de la mort du roi Lear et de ses trois filles. Avec la vie infortunée d'Edgar, fils et héritier du comte de Gloster et l'humeur sombre en apparence de Tom de Bedlam. Comme cela a été joué devant Leurs Majestés Royales à Whitehall, la nuit de S*ᵗ*. Stephens, pendant les vacances de Christmas. Par les serviteurs de Leurs Majestés jouant d'habitude au Globe Bank Side à 1608* Le titre des *Joyeuses Commères* : *Une comédie, la plus plaisante et la mieux conçue de sir John Falstaff et des Joyeuses commères de Windsor. Entre-mêlée des plaisanteries diverses et réjouissantes de sir Hugh, le curé gallois, Justice Shallow et le cousin de sa femme, Mr. Slender. Avec la bruyante outrecuidance de l'antique Pistol et du caporal Nym. Par William Shakespeare. Comme elle a été jouée plusieurs fois par les serviteurs du Très Honorable Milord Chambellan, devant Sa Majesté et autre part. 1602.* Henri IV sera intitulé : *l'Histoire de Henri le qua-*

trième. *Avec la bataille de Shrewsburie, entre le Roi et lord Henry Percy, surnommé Henri le Chaud-Éperon du Nord. Avec les plaisanteries de sir John Falstaff. Nouvellement corrigée par W. Shakespeare. 1598.* Le titre de *Richard III* sera plus compliqué. *La tragédie de Richard le Troisième, contenant ses traîtres complots contre son frère Clarence, le meurtre pitoyable de ses innocents neveux, sa tyrannique usurpation, avec tout le cours de sa vie détestée et sa mort si bien méritée. Comme elle a été jouée autrefois par les serviteurs du Très Honorable lord Chambellan. Par William Shakespeare. 1597.* Etc., etc.

Puisque nous en sommes aux détails, à combien pouvaient monter les droits d'auteurs à l'époque de Shakespeare ? Oldys affirme que les poètes dramatiques ne touchaient qu'une représentation : la première, parce que les productions étaient alors éphémères. Dans *le Théâtre à louer (The Play-House to be let)*, pièce antérieure au premier *Hamlet*, nous relevons le dialogue suivant :

L'Acteur :

> C'est une vieille tradition
> Qu'à l'époque du puissant *Tamerlan*
> Du sorcier *Faust* et du *Hardi Beauchamp*,
> Vous autres, poètes, aviez le second jour.
> Nous le prenons et vous laissons demain.

Le Poète :

> J'en courrai la chance : c'est donc entendu.

D'autre part, Decker laisse entendre qu'ils touchaient le troisième jour. Ce que nous pouvons affirmer, c'est que Southerne, comme il ressort de sa comédie, *Dedication of sir Anthony Love*, fut le premier auteur dramatique qui bénéficia de deux représentations et le premier qui se fit payer la troisième lors du succès qu'il obtint avec le *Couple Constant*. Plusieurs années après, les poètes dramatiques réalisèrent jusqu'à la sixième représentation. Nous en trouvons la preuve dans deux Epilogues : celui de la *Princesse Irlandaise* et celui des *Amants Perplexes*.

A ces bénéfices, il convient d'ajouter les quarante shillings que vous faisait généralement parvenir le protecteur auquel était dédiée la pièce. « Si je n'ai dédié ma pièce à personne, écrit Field en tête de sa comédie *a Woman's a Weathercock*, c'est que je n'ai pas besoin de quarante shillings. »

A ces quarante shillings, il est encore fait allusion dans la préface à la *Revanche de Cynthia*. Si la reine demandait une audition, l'auteur jouissait d'une rémunération supplémentaire. D'après le *Council-Book*, Elisabeth gratifiait l'auteur joué devant elle, de dix livres auxquelles, si elle s'était divertie outre mesure, elle ajoutait un supplément de vingt nobles. La même somme, d'après les notes manuscrites de lord Stanhope, trésorier du roi, fut payée durant le règne de Jacques Ier. Ajoutons que ces représentations, étant données le soir, ne nuisaient pas à celles du jour et conséquemment représentaient un supplément de bénéfice. Lorsqu'une représentation devait avoir lieu dans un palais situé aux environs de

Londres, ce qui privait les auteurs de la recette
diurne, le prix, d'après un manuscrit de lord
Chambellan, était fixé à vingt livres, recette
jamais atteinte à Blackfriars ou au Globe. Enfin
l'auteur avait la ressource de l'éditeur. Une pièce
ayant réussi était achetée en moyenne vingt livres,
ou six livres, trente shillings et quatre pence.
Nous lisons dans *The Defence of Coneycatching*
(1592) : « Master R. G. (Robert Greene) vous ferait
rougir si vous vendiez *Orlando Furioso* aux comédiens de la reine pour une somme inférieure à
vingt nobles. » D'après un manuscrit d'Oldys,
Shakespeare n'aurait reçu que cinq livres pour
son *Hamlet*. Oldys ne dit pas s'il s'agit de l'im-
presario ou du libraire. Avant d'en finir avec
cette question des droits d'auteur, il convient
d'ajouter que la plupart des directeurs mettaient
au paiement de la pièce la condition qu'elle ne
fût pas reçue par des miaulements de chat.
Dans son *Guls Hornebook*, Decker conseille aux
gentilshommes qui désireraient mettre un poète
en disgrâce d'interrompre l'action par des chuts, les
romances par des sifflets et de miauler aux tirades
les plus passionnées [1]. Nous pourrions citer encore
un passage de l'Introduction à *The Isle of Gulls*,
joué en 1606, soulignant l'habitude de marquer
son ennui en criant « miaou » et en laissant continuer les acteurs devant une salle vide. C'est ce
qui arriva trois fois à Ben Jonson, un des contem-

---

1. To *whew* at the children's action, to whistle at the songs,
and *mew* at te passionate speeches.

porains de Shakespeare, avec qui nous ferons plus tard connaissance, la première à propos de *Séjan*, les autres à propos de *Catilina* et de *la Nouvelle Auberge* [1]. Fletcher eut le même sort avec *la Bergère fidèle*.

Quant aux appointements d'un comédien goûté, à l'époque de Shakespeare, la désignation en est incertaine. Ils n'étaient pas engagés à l'année, comme cela eut lieu plus tard. La recette, qui, déduction faite des frais d'éclairage et d'employés, s'élevait à quarante ou cinquante shillings, était répartie entre quarante parts, quinze pour les propriétaires (*Housekeepers*), vingt-deux pour les comédiens, proportionnellement à leur mérite et trois pour l'achat des pièces nouvelles, des costumes, etc. Dans son second *Hamlet*, Shakespeare fait allusion à cette part proportionnelle.

Hamlet. Si jamais la fortune me traitait de Turc à More, ne me suffirait-il pas, mon cher, d'une scène comme celle-là, avec l'addition d'une forêt de plumes et deux roses de Provins sur des souliers bigarrés, pour être reçu compagnon dans une meute de comédiens ?

Horatio. Oui, à demi-part.

Hamlet. Oh ! à part entière [2] !

1. Le même sort fut encore réservé à *la Femme silencieuse* de Ben Jonson. A la fin de la représentation, on lui fit parvenir une pièce de vers où l'on disait que la pièce avait raison d'être intitulée *la Femme silencieuse*, puisque personne n'avait eu l'idée de donner le signal des applaudissements.

2. Dans sa traduction d'*Hamlet*, François-Victor Hugo fait suivre la scène que nous venons de citer de la remarque suivante :

« On sait que les comédiens n'avaient pas alors, comme aujourd'hui, un traitement fixe. Les théâtres étant des entreprises

Mais qu'importent des détails sur lesquels nous n'avons insisté que pour ne perdre aucun des matériaux pouvant reconstituer l'époque shakespearienne. L'œuvre est jouée et le succès a été complet. Quelques contemporains en voudront à l'auteur d'avoir tourné en ridicule la fameuse pièce, qui n'est que du caviar pour la foule : « Pyrrhus, hérissé comme la bête d'Hyrcanie... » Mais se fait-on place sans quelques horions ? Les comédiens trouveront exagéré qu'un débutant se permette à leur endroit le conseil ou le blâme : « Ne braillez pas cette tirade comme beaucoup de nos acteurs. » « J'ai vu jouer des acteurs qui n'avaient la tournure ni d'un chrétien, ni d'un païen, ni d'un Turc. Ils s'enflaient et hurlaient de telle façon que vous les auriez crus enfantés par des journaliers de la nature qui, voulant faire des hommes, les auraient manqués et auraient produit une abominable contrefaçon de l'humanité. » Mais les comédiens n'ont qu'une influence passagère. Tarleton lui reprochera l'allusion aux clowns qui parlent en dehors de leurs rôles. « Car il en est, je puis vous le dire, qui se mettent à rire d'eux-mêmes pour faire rire un certain nombre de spectateurs stupides, au moment même où il faudrait observer quelque point essen-

---

en actions, les comédiens étaient de véritables actionnaires, qui prélevaient sur les bénéfices de la recette un dividende proportionnel à leur *part* de propriété. Les acteurs secondaires étaient engagés à demi-part, les acteurs les plus importants à part entière.

tiel de la pièce. Oh ! cela est ignoble, cela montre une ambition pitoyable chez le bouffon dont c'est l'usage. Et puis il en est d'autres qui s'en tiennent au même choix de plaisanteries, comme des gens qui porteraient toujours le même choix de vêtements, et dont les spectateurs citent à table les bons mots, avant de venir au théâtre. Et quels bons mots ! — « Ne pouvez-vous attendre que j'aie pris mon potage ? » Ou bien : « Vous me devez trois mois de gages ! » Ou : « Mon habit a besoin d'une pièce ! » Ou : « Votre bière est sûre ! » Bavardage des livres — qui s'en tient toujours aux mêmes facéties ; car Dieu le sait, un clown en train ne fait une plaisanterie nouvelle que par hasard, comme un aveugle attrape un lièvre. » Mais la rancune de Tarleton sera de courte durée, car à la nouvelle qu'on s'était permis de toucher aux prérogatives de son comique, la reine a ri durant une heure !

Les représentations d'*Hamlet* interrompues, Shakespeare est retourné à Stratford pour revoir la petite église dédiée à la Trinité, pour se perdre dans la forêt d'Arden. La forêt est une conseillère qui fait sentir ce que l'on est. L'existence qu'on y mène, à l'abri de la cohue publique, révèle des voix dans les arbres, des livres dans les ruisseaux, des leçons dans les pierres et le bien en toutes choses. Il y est allé encore dans l'intention d'y terminer *Titus Andronicus*, car Burbadge le presse. *Titus* terminé, il est remonté à cheval, s'est arrêté chez Mrs. Davenant, à laquelle, s'il faut en croire la légende, il aurait fait une cour qui, pour être tardive, n'en aurait pas moins été couronnée de succès, et il est rentré à Londres jouer la comédie des comédiens et la comédie des hommes. Car Londres, le monde entier est un théâtre dont hommes et femmes sont les acteurs. « Tous ont leurs entrées et leurs sorties, et chacun y joue successivement les différents rôles d'un drame en sept actes. D'abord l'enfant vagissant dans les bras de sa nourrice. Puis l'écolier avec sa sacoche et sa joie radieuse. Puis l'amant soupirant une ballade dédiée aux yeux de sa maîtresse. Puis le soldat, plein de jurons étrangers, barbu comme le léopard, jaloux sur le point d'honneur, brusque et vif à la querelle, poursuivant la renommée jusqu'à la gueule du canon. Puis le juge dans sa belle panse ronde garnie d'un bon chapon, l'œil sévère, la barbe solennellement taillée, plein de sages dictons et de banales maximes. Puis maître Pantalon en pantoufles, avec des lunettes sur le nez, un bissac au côté; les bas de son jeune temps bien conservés, mais infinjment trop larges pour son jarret racorni. La scène finale qui termine le drame historique, étrange, accidenté, est une seconde enfance, sans dents, sans yeux, sans goût, sans rien[1] ! »

1. *Comme il vous plaira.*

CHAPITRE X

Le *Titus Andronicus* de Kid, retouché, a été joué, et Shakespeare s'est si bien affirmé dans *Hamlet* que la critique fait la part de Kid et celle de Shakespeare. Elle attribue à Shakespeare, par exemple, le monologue de Marcus courant après Lavinia violée. « Quelles mains ont dépouillé ton corps de ces douces guirlandes dans le cercle ombré desquelles des rois ont ambitionné de dormir ! » Encouragé, Burbadge lui confie le *Périclès* de Wilkins. Shakespeare s'y révèle encore. On commence à s'émouvoir dans le clan des auteurs rivaux. Le nommé William Shakespeare deviendrait-il le grand censeur des œuvres théâtrales ? Une pièce ne pourra-t-elle plus être présentée au public avant d'avoir passé par sa juridiction, d'avoir été par lui remaniée et souvent en partie écrite ? La vanité de Kyd n'a pas été satisfaite; celle de Wilkins s'est trouvée froissée. Robert Greene leur a prodigué d'ironiques consolations; mais son tour va venir. Quelques mois après *Tamerlan*, Marlowe a donné au théâtre de la Rose *le Juif de Malte ;* au *Juif de Malte* a succédé un *Henri VI* de son ami Robert Greene, lequel a eu les honneurs de treize représentations. Burbadge, qui vient de perdre le comte de Leicester, son grand protecteur, s'est ému du succès de la Rose, que dirige Henslowe. Il a fait venir Robert Greene, lui a demandé s'il consentirait à retirer son *Henri VI* du répertoire de la Rose et s'il autoriserait Shakespeare à en faire une adaptation. Robert Greene a manifesté le besoin de réfléchir. Burbadge a vaincu ses hésitations en faisant miroiter à ses yeux une prime de quarante shillings[1]. Greene s'est laissé tenter ; mais, l'argent touché il n'a rien eu de plus pressé que de mêler ses plaintes à celles de Kid, de Wilkins et de courir chez Marlowe lui demander de vouloir bien l'aider à prendre une revanche en composant avec lui deux autres parties d'Henri VI (*The Second and Third Parts of K. Henri VI*). Ils se mettent à l'œuvre, portent leurs manuscrits à Burbadge, qui, après lecture, leur impose encore Shakespeare en usant des mêmes procédés de corruption. Si Greene était souvent affamé, Maud et Marlowe soupaient rarement. Il faut céder. Shakespeare revise. *La Seconde et la*

---

1. Au XVI° siècle, ces sortes d'affaires étaient courantes. Dans le cours du siècle dernier, au collège de Dulwich, on a retrouvé le journal du chef de troupe Philipp Hennslowe. Les livres de compte portent maintes mentions de ce genre. « Le 7 août 1602, 40 shillings payés à Thomas Dekker *pour la revision de sir Jean Oldcastle ;* le 14 décembre 1602, 10 shillings au même Thomas *pour ses peines dans Phaéton ;* le 16 janvier 1601, 20 shillings encore à Thomas *pour altérer le Tasse ;* le 22 novembre 1602, 4 livres à William Birde et à Thomas Rowley *pour leurs additions au docteur Faust* de Marlowe, etc., etc. (*Note de François-V. Hugo*).

Troisième partie d'Henri VI conquièrent la faveur du public. L'amour-propre de Greene est mis à une nouvelle épreuve. Marlowe n'entre pas dans d'aussi petites considérations: Son esprit est autre part.

Maud est capricieuse, et la moindre frivolité de Maud lui est une blessure. A cette douleur s'est jointe une préoccupation qui, pour être moins absorbante, n'en demeure pas moins grave. *Faust* a été représenté. Le public y a applaudi ; mais, révolté des audaces qu'il contient, le puritanisme s'est tenu le discours suivant :

— En possession de la couronne, le premier soin de notre reine Elisabeth a été de prévenir sir Edouard Carvé, ambassadeur d'Angleterre à Rome, d'avoir à notifier au Pape son avènement au trône. Paul a répondu à Carvé que l'Angleterre étant un fief du Saint-Siège ; il trouvait Elisabeth bien téméraire d'avoir osé prendre sans sa participation le titre et l'autorité de reine ; qu'ayant été déclarée illégitime elle ne pouvait avoir aucun droit sur ce royaume, que sa conduite a donc été un attentat aux droits du Saint-Siège. Elisabeth a rappelé son ambassadeur, nommé dans son conseil huit conseillers protestants : le marquis de Northampton, le comte de Bedford, sir Thomas Parry, sir Edward Roger, sir Ambroise Cave, sir Francis Knolles, sir Nicolas Bacon et sir William Cecil, lesquels ont décidé que l'oraison dominicale, les litanies, le symbole des apôtres et les Evangiles seraient récités en anglais ; les monastères nouvellement établis supprimés ; les dîmes confisquées ; enfin que dorénavant la reine revêtirait une autorité spirituelle lui permettant de décider de tous les points de discipline et de réprimer toute hérésie. Une conférence solennelle et publique a eu lieu entre les théologiens protestants et les théologiens catholiques. A la sortie de cette conférence, les défenseurs de Rome ont même été jetés en prison. Devenue chef de la Réformation, la reine s'est alors appliquée à suivre à l'étranger les progrès de la congrégation du Seigneur contre celle de Satan. On s'est égorgé en Ecosse, en Allemagne, en Suisse, en France, dans les Pays-Bas. A propos du surplis, de l'étole, du bonnet, à propos de la distance devant être observée entre l'autel et la muraille, soixante-six commissaires de quartiers ont, par des bourreaux en permanence, été exécutés dans la même journée, y compris Felton, ayant eu l'audace d'afficher à la porte du palais de l'évêque une bulle de Pie V excommuniant la reine.

Après avoir repris haleine, le puritanisme a poursuivi :

— Nous avons voté la suppression de la génuflexion pour recevoir les sacrements, sous prétexte que, si une posture humble est nécessaire dans les actes de piété, il vaut mieux que les communiants se prosternent le front dans la poussière pour s'écarter davantage des usages de l'ancienne superstition ; et, pour imposer l'amélioration, nous avons fait tomber deux cents têtes. Nous avons imposé la peine de *præmunire* contre tout importateur d'*Agnus Dei*. Nous avons décapité Norfolk, décapité le comte de Northumberland, décapité Kirkaldy, décapité Morton, décapité Campian, décapité le comte de Gowry, décapité Throgmorton, décapité Marie Stuart. Les bourreaux s'ennuyant, nous avons promulgué une nouvelle loi contre les prêtres catholiques, leur enjoignant de sortir du royaume dans l'espace de quarante jours sous peine d'être réputés criminels de haute trahison, et nous avons décapité Parry avec quatorze partisans de Babington. Ne parlons pas du père du comte de Northumberland, qui a préféré se tirer un coup de pistolet dans le cœur; ni de Lincoln's, qui, la main droite coupée comme libelliste, a eu l'audace de saisir son chapeau de la gauche et de l'agiter en criant : « Dieu conserve la reine! » Et tant d'efforts du côté de la reine, tant d'efforts du côté de son Conseil, tant d'efforts de notre part et de celle de nos exécuteurs auraient été dépensés pour qu'un nommé Christopher Marlowe se permette de faire représenter un drame dont le héros est un enchanteur, dont chaque passage est une provocation, et où la pitié du spectateur est acquise à un damné !

Marlowe sent déjà le roussi. Craignant de se compromettre, ses amis l'ont abandonné. Robert Greene l'a trahi dans un pamphlet intitulé : *Groat's Worth of Wit*, où il adjure hypocritement son collaborateur de renoncer à l'athéisme. Oui, Robert Greene a fait cela pour attirer sur ses œuvres les faveurs du puritanisme tout-puissant. Au pamphlet de Robert Greene a succédé un livre du Révérend Thomas Beard, *le Théâtre des jugements de Dieu*, dans lequel Thomas Beard a osé affirmer que l'auteur de *Faust* avait écrit contre la Bible. Après Thomas Beard est venu un nommé Brame, armé d'un réquisitoire exposant « les opinions damnables » de Marlowe et concluant à la nécessité d'un procès criminel.

Pauvre Marlowe ! Il s'est d'abord réfugié dans le sein de Maud ; mais, nous l'avons dit, Maud n'est plus la même. La misère l'ennuie et la satisfaction d'être montrée du doigt, quand on joue *Tamerlan*, *le Juif de Malte* ou *Faust*, ne lui suffit plus. A l'heure de la Taverne, elle disparaît des heures entières. Interrogée, elle balbutie, raconte des histoires de l'autre monde. Soupçonneux, jaloux, Marlowe est, comme son Docteur Faust, dans l'immense cachot de l'éternelle torture. Les furies secouent son âme au bout de leurs fourches brûlantes. Son corps grille sur le charbon sans pouvoir mourir. Maud ne l'aime plus ! C'est fini. Coupée la branche qui aurait pu grandir jusqu'à la pleine maturité ! Brûlé le rameau du laurier d'Apollon !

CHAPITRE XI

Shakespeare connaît le chagrin de Marlowe; il a lu la trahison de Robert Greene; il sait la persécution du puritanisme; il en ressent de la honte pour les hommes, de la pitié pour les victimes. En quoi consiste donc cette magie que l'on persécute? Qu'enseigne-t-elle? Shakespeare se livre à son étude. Elle enseigne les merveilleuses natures des éléments, la manière dont ces éléments se trouvent dans les lieux, dans les étoiles, dans les esprits, dans les anges, dans Dieu même; comment les vertus naturelles naissent des éléments, les vertus occultes des choses, leurs inclinations et leurs inimitiés; comment on peut attirer les divinités qui commandent le monde, comment on peut utiliser les poisons. Shakespeare pousse plus loin ses lectures. Il s'amuse encore à l'histoire du sang des femmes qui rend les vignes infructueuses, fait mourir les arbres, sécher les fruits, qui ternit l'éclat des miroirs, communique la rage aux chiens et donne la stérilité aux cavales. Il se divertit à l'extraordinaire pouvoir de la coriandre, du persil et de la ciguë, qui, mélangés, font venir les démons, tandis que le *pouloit* sauvage, la pivoine et la menthe chassent les fantômes nuisibles. De la magie il passe à la sorcellerie, où la mathématique est nécessaire, car sans elle, impossible de comprendre l'échelle de l'unité, celle du nombre duel, celle des trinaires, des quaternaires, quinaires, etc. ; de s'y reconnaître dans les nombres attribués aux lettres, dédiés aux divinités, correspondants aux éléments ; de se démêler au milieu des corps géométriques qui ont leurs vertus spéciales ; de s'initier aux secrets de l'harmonie de la musique et du corps humain. Et il comprend que c'est seulement à l'imprudence d'avoir voulu établir une casuistique, qu'il faut attribuer la haine de la religion pour la magie et la sorcellerie. Font-elles autre chose, en somme, que ressusciter les vieilles croyances grecques et latines, celles-là même que Roger Asham, l'éducateur d'Elisabeth, a préconisées dans son *Scholemaster* ? continuer les Platoniciens qui rapportent que toutes choses d'ici-bas recoivent leurs idées d'idées supérieures ? continuer Démocrite racontant que la langue du caméléon, arrachée à cet animal en vie, sert à obtenir des jugements favorables ? Apulée attribuant aux signes et aux planètes certaines herbes « principales et particulières ? » Virgile, changeant par l'intermédiaire de Circé des hommes en bêtes ? Pline affirmant que les os de certaines grenouilles ont la propriété de faire bouillir l'eau ? Saint Augustin contant qu'en Italie des femmes changent des hommes en bêtes de somme, leur font porter de lourds fardeaux, puis, quand elles en ont usé, les rendent à leur première forme ? Alors de quoi se mêle le puritanisme ? Pourquoi proteste-t-il ? Pourquoi emprisonne-t-il ? Pourquoi décapite-t-il ? Shakespeare contient en lui tous les instincts de la générosité, toutes les révoltes de l'injustice. Il vengera Marlowe en transportant sur la scène cette magie et cette sorcellerie, en faisant parler des personnages défendus et condamnés. Il ira jusqu'à montrer que le monde invisible a son action sur l'humanité.

Il écrira le *Songe d'une nuit d'été.*

Où se passera l'action ? Au pays athénien pour le public. Pour lui elle se déroulera à Stratford-sur-Avon. Occasion de revivre les jours déjà loin et toujours regrettés. Le bois près d'Athènes, ce sera, en réalité, le petit bois qui s'étage derrière l'église et où, tant de fois, par la colline, par la vallée, à travers les buissons, à travers les ronces, par les haies, à travers l'eau, sa pensée a erré, comme aujourd'hui erre la fée, cherchant des gouttes de rosée pour suspendre des perles aux oreilles des primevères. Athénienne cette clairière ? Allons donc ! On y joue au jeu de merelles (*The nine men's morris is fill'd up with mud*), et nous savons que le « Nine men's morris » est dans la partie du Warwickhire où Shakespeare a été élevé, un jeu cher aux bergers. James et Alchorne nous en donnent la règle et le dessin. Le banc où s'épanouit le thym sauvage, couvert par un dais de chèvre-feuilles vivaces, de suaves roses musquées et d'églantines ; le banc où s'endormira Titania à certains moments de la nuit, bercée dans les fleurs par le chant joyeux de la danse ; le banc où la couleuvre étend sa peau assez large pour habiller une fée, c'est le banc qu'il a construit lui-même, devant

l'Avon, où tant de fois il a fait des rêves de gloire.
Et cet autre bois où Lysandre a rencontré Hermia
avec Héléna pour célébrer la première aurore de mai,
vous croyez qu'il est situé à une lieue d'Athènes ?
Pas du tout. Il est situé à une lieue de Stratford. C'est
dans ce bois que, durant sa prime jeunesse, Shakespeare a tant de fois fêté avec ses camarades le May-
day, passant la nuit à chanter, à danser et à embrasser les filles, car il fallait se tenir éveillé jusqu'à
l'aurore. Seulement de cette fête-là aussi le puritanisme s'est mêlé, de façon qu'en y faisant allusion
Shakespeare prendra cause pour la jeunesse en même
temps que pour les fées[1]. Burbadge, au courant des

---

1. La veille du jour de mai, toutes les paroisses, toutes les
villes, tous les villages se réunissent, hommes, femmes, enfants ;
tous en masse ou divisés par groupes, s'en vont les uns aux bois
et aux bosquets, les autres sur les collines et les montagnes. Là,
tous passent la nuit dans d'agréables passe-temps, et s'en
reviennent le matin rapportant des branches de bouleau et des
rameaux d'arbres pour en orner leurs maisons. Mais le principal
joyau qu'ils rapportent de là est l'arbre de mai, qu'ils ramènent
chez eux en grande vénération de la façon que voici. Ils ont
vingt ou trente jougs de bœufs, chaque bœuf ayant un suave
bouquet de fleurs attaché au bout de ses cornes ; et ces bœufs
traînent l'arbre de mai, idole radieuse toute couverte de fleurs et
d'herbes attachées par des cordes et souvent peintes de diverses
couleurs, que suivent à grande dévotion trois ou quatre cents
personnes, hommes, femmes et enfants. L'arbre étant ainsi
équipé, on le dresse de nouveau après en avoir décoré le faîte de
mouchoirs et de drapeaux flottants ; on jonche le terrain autour
de lui, on l'enlace de guirlandes vertes, on l'entoure de plantes
et d'arbustes printaniers ; puis on se met à banqueter et à
festoyer, à sauter et à danser tout autour, comme le faisait le
peuple païen à la consécration de ses idoles. Et il n'y a à cela
rien d'étonnant, car le grand seigneur qui préside à ces passe-
temps s'appelle Satan, prince de l'Enfer.

(Traduction de François-Victor Hugo.) Stubbers, *Anatomie of
abuses.*

6

progrès de l'œuvre, lui fait observer qu'il se pourrait que *le Songe* fût joué devant la reine. Shakespeare a prévu le cas. La reine lui pardonnera ses audaces en faveur de certains passages où il rappelle les fêtes de Kenilworth et « l'impériale prêtresse pure d'amour dans sa virginale rêverie ».

Le Songe d'une nuit d'été fit un effet considérable et fut représenté devant la reine, comme l'avait supposé Burbadge. Les critiques désarmèrent; les confrères durent s'incliner devant l'unanimité des suffrages. Les puritains protestèrent contre la prétention d'intéresser à des êtres fabuleux des personnages magiques, au moment où Marlowe se désignait à leur vengeance. Ils protestèrent contre l'imprudence d'un dramatique de prendre à parti l'un des leurs : Stubber, l'auteur de l'*Anatomie des abus*. Ils protestèrent contre le regret exprimé que les rôles de femme fussent tenus par des hommes : *Nay, faith, let me not play a woman; I have a beard coming*. « Ne me parlez pas de jouer un rôle de femme, ma barbe commence à pousser. » Au lendemain du jour où, dans une brochure, Nash, le bien pensant, a félicité les comédiens de son temps « de ne point traîner avec eux, comme cela se passe de l'autre côté de la mer, des filles publiques et des courtisanes », Shakespeare s'associerait-il à l'opinion de Prynne, qui, dans son *Histriomastix*, prétend que la vue d'hommes habillés en femmes est contre la recommandation du *Deutéronome* : « La femme ne portera pas ce qui appartient à l'homme, ni l'homme ce qui appartient à la femme. » L'habitude de confier à des hommes des rôles de femme ne remonte-t-elle pas à la plus haute antiquité ? En Grèce, la femme était défendue sur la scène. Dans la vie de Phocion, Plutarque raconte qu'à Athènes la représentation d'une tragédie fut suspendue par le refus d'un acteur de jouer un rôle de reine, sous prétexte qu'on ne lui avait pas donné un masque et une robe suffisamment convenables. Démosthène, dans un de ses discours, mentionne un certain Theodorus et un certain Aristodemus comme ayant souvent représenté l'Antigone de Sophocle. Aulus Gellius fait allusion à un acteur célèbre, appelé Polus, appointé pour jouer le rôle d'Electre dans la pièce de Sophocle et qui, à un certain moment, devait paraître portant une urne contenant les cendres d'Oreste. A Rome, la coutume était la même, comme il ressort d'une lettre de Cicéron à Atticus, dans laquelle il parle d'un certain Antiphus qui jouait le rôle d'Andromaque ; et d'un passage d'Horace où il est dit que Fusius Phocœus jouait le rôle de la femme de Polymnestre. Mr. Shakespeare se ferait-il un plaisir de froisser toutes les convictions, de tenir tête à tous les partis, de battre en brèche tous les usages? Sus à Shakespeare ! Mais Shakespeare n'est pas Marlowe. Pour se défendre, il a mieux que des propos de taverne. Et ce n'est pas la plus mince gloire d'Elisabeth de l'avoir, en plus d'une occasion, protégé de sa grandeur et de sa puissance.

Pourtant son plaidoyer contre les hommes

jouant des rôles de femme ne devait pas être entendu. La comédienne ne parut en Angleterre qu'en l'année 1659, c'est-à-dire quarante-trois ans après la mort de Shakespeare. En revanche, la première comédienne interpréta le rôle de Desdemone. Nous avons retrouvé le prologue composé pour la circonstance (*A prologue, to introduce the first Woman that came to act on the stage, in the tragedy called The Moor of Venice.*

Je viens moi qui ne connais pas le repos,
Vous dire les nouvelles. J'ai vu qu'une femme s'habillait ;
Car aujourd'hui la femme joue la comédie. Je ne me
       [trompe pas.
Ce n'était pas un homme vêtu d'une robe ni un page en
       [jupon,
Mais une femme. Et pourtant,
A l'heure de mourir je n'oserais pas l'affirmer sous serment.
Ne blâmez-vous pas cela, gentlemen ? Je sais
Que vous y trouverez à redire, malgré son talent.
Est-il possible qu'une honnête femme puisse
Détester toute légèreté et jouer quand même ?
Jouer sur une scène de théâtre ?— Où tous les yeux seront
       [fixés sur elle !
Considérerons-nous comme un crime ce qui en France est
       [un honneur ?
Dans d'autres royaumes des maris se fient à elles ;
Toute la différence est dans la coutume.
Eh bien ! faites que ce soit aussi la mode chez nous.
Gentlemen, vous qui, comme des juges, préparez,
Dans la chambre étoilée de ce théâtre, le parterre,
Ne pensez pas mal de cette femme. Ne vous précipitez pas,
Pour lui rendre visite, quand la pièce sera finie,
Avec des : « Dieu me damne, je suis votre humble serviteur,
       [Madame ! »
Elle connaît cela aussi bien que vous, si c'est possible.

Chers galants, elle n'ignore pas
Ses propres mérites, — et aussi vos tentations.
A ce propos, choisissant une époque de réforme,
Nous avons décidé de civiliser la scène.
Nos femmes sont défectueuses et à ce point épaisses
Que vous les prendriez pour des gardes déguisées.
A parler franc elles ont
De quarante à cinquante ans, nos jeunes tendrons de quinze,
Avec des os si gros, des muscles si infléxibles
Que, lorsqu'on appelle Desdémone, c'est un géant qui entre.

Chose curieuse! Après *le Songe*, les comédiens firent chorus avec le puritanisme. Ils en voulaient à Shakespeare, comédien comme eux, comme eux serviteur d'une Compagnie, de ridiculiser la corporation. Déjà dans *Hamlet* il l'avait pris de haut. Dans *le Songe* ce n'est plus de la critique, c'est de la satire. Ils se passent de main en main la scène II, prise au vol durant une représentation.

Quince. Toute la compagnie est ici?

Bottom. Vous ferez mieux de les appeler à tour de rôle, suivant la liste.

Quince. Voici le registre des noms de tous ceux qui, dans Athènes, ont été jugés capables de jouer notre intermède devant le duc et la duchesse, durant cette soirée nuptiale.

Bottom. D'abord, excellent Peter Quince, dis-nous le sujet de la pièce; ensuite tu liras le nom des acteurs; ce sera un commencement.

Quince. Notre pièce est *la très lamentable comédie et la très cruelle mort de Pyrame et Thisbé*[1].

Bottom. Un véritable chef-d'œuvre, je vous assure, et

1. Observe comme Quince insiste sur ce titre : *La très lamentable comédie et la très cruelle mort de Pyrame et Thisbé*, et vous y verrez une protestation de l'auteur contre les titres exagérés dont les éditeurs affublaient si volontiers les pièces de théâtre. Nous y avons fait allusion plus haut, Shakespeare en avait déjà été la victime.

joyeux[1]. Maintenant, excellent Peter Quince, appelez les acteurs par ordre. Mes maîtres, alignez-vous.

Quince. Répondez à mesure que je vous appellerai. Nick Bottom, le tisserand.

Bottom. Présent. Dites-moi quel est mon rôle et poursuivez.

Quince. Nick Bottom, vous jouerez Pyrame.

Bottom. Qu'est-ce que c'est que Pyrame? Un amoureux ou un tyran?

Quince. Un amoureux qui se tue très galamment par amour.

Bottom. La sincère interprétation d'un pareil rôle exigera des larmes. Si je le joue, gare aux yeux de l'auditoire. Je veux soulever des tempêtes, je veux prendre part à la douleur de mon personnage. Mais mon tempérament me porte plutôt à jouer les tyrans. Je pourrais jouer Hercule d'une façon rare à déchirer un chat[2], à faire tout éclater.

> Les rocs furieux,
> Avec leurs chocs terribles
> Briseront les verroux
> Des portes des prisons ;
> Et le char de Phœbus
> Brillera de loin,
> Fera et défera
> Les stupides destins.

1. A very good piece of work, I assure you and a merry. *Magnificence*, de Stelton, était qualifiée : *A Goodly interlude and a merry.*

2. *To tear a cat in.* Dans la vieille comédie de *la Jeune fille qui gronde (The Roaring Girl)* se trouve le rôle d'un certain Tearcat qui dit : « Ce sont ceux qui ont apprécié ma valeur qui m'ont surnommé Tearcat. » Dans une pièce anonyme intitulée : *Histriomastix, ou le Comédien fouetté,* une compagnie de soldats entraîne une troupe de comédiens, et le capitaine dit : « Maraud, est-ce toi qui déchirerais un chat sur la scène ? » « Sirrah, this is you that would tear a cat upon the stage? » Enfin, dans une comédie de J. Day : *The Isle of Gulls,* nous rencontrons encore la même expression. D'où l'on peut conclure que « To tear a cat » était une expression courante de l'époque.

Est-ce assez sublime? — Maintenant nomme les autres comédiens. Cela est le ton sur lequel doit parler Hercule, le ton dans lequel doit s'exprimer un tyran. Un amoureux est plus plaintif.

Quince. Franc Flute, le souffleur d'orgue.

Flute. Présent, Peter Quince.

Quince. Vous vous chargerez du rôle de Thisbé.

Flute. Qu'est-ce que c'est que Thisbé? Un chevalier errant.

Quince. C'est la femme que Pyrame doit aimer.

Flute. Non vraiment, ne me faites pas jouer une femme, j'ai la barbe qui me vient.

Quince. Vous jouerez avec un masque, et vous ferez la petite voix autant que vous voudrez.

Bottom. Si je peux cacher ma figure, je demande à jouer aussi Thisbé. Je parlerai avec une voix monstrueusement aiguë. Thrine! Thrine! — Ah! Pyrame, mon cher amant, ta chère Thisbé! Ta dame chérie!

Quince. Non, non! Vous devez jouer Pyrame et vous, Flute, Thisbé.

Bottom. Soit, continuez.

Quince. Robin Starveling, le tailleur.

Starveling. Présent, Peter Quince.

Quince. Robin Starveling, vous jouerez la mère de Thisbé. Tom Snout, le chaudronnier.

Snout. Présent, Peter Quince.

Quince. Vous ferez le père de Pyrame, et moi le père de Thisbé. — Snug, le menuisier, vous aurez le rôle du lion. Voilà, j'espère, une pièce bien distribuée.

Snug. Avez-vous le rôle du lion par écrit? Si vous l'avez, donnez-le-moi, car je n'étudie que lentement.

Quince. Vous pouvez improviser. Il ne s'agit que de rugir.

Bottom. Laissez-moi jouer le rôle du lion. Je rugirai de façon à faire battre tous les cœurs; je rugirai de façon à ce que le duc s'écrie : « Qu'il rugisse encore! Qu'il rugisse encore! »

Qui donc Shakespeare a-t-il voulu peindre?

Quelle compagnie, composée de charpentiers, de tisserands, de chaudronniers, de menuisiers ? Quel est donc ce Bottom dont s'est tant amusé le public ? Ce type admirable du comédien que sa vanité pousse à jouer tous les rôles ? Shakespeare a voulu tout simplement se moquer de la troupe de Coventry, exclusivement composée d'artisans. Si l'on en doute, qu'on se reporte à la scène de la répétition, où Bottom s'écrie : « Il faudra que vous « disiez le nom de l'acteur et qu'on voie son « visage à travers la crinière du lion ; il faudra « que lui-même parle au travers et qu'il dise ceci « ou quelque chose d'équivalent. « Mesdames », « ou : « Belles dames, je vous demande, ou « je vous requiers, ou je vous supplie, de ne « pas avoir peur, de ne pas trembler. Ma vie « répond de la vôtre. »

Bottom, c'est Harvy Goldingham, le même qui, chargé de représenter Arion sur le dos d'un dauphin perdit la tête et jura qu'il n'était pas Arion, mais bien l'honnête Harry Goldingham [1]. Hâtons-nous d'ajouter que la rancune des comédiens ne sera que passagère. Leur plus sérieuse vengeance consistera à distribuer une épigramme « contre un auteur ignorant que les vers-luisants portent leur fanal au bout de la queue [2] ».

1. L'incident est rapporté dans un manuscrit de sir Nicolas Lestrange publié par la Société Cambden.
2. L'épigramme faisait allusion à ce passage de la pièce.

> The honey bags steal from the humble bees,
> And, for night tapers, crop their waxen thighs,
> And light them at the fiery *glow-worm's eyes*,
> To have my love to bed, and to arise.

Prenez aux modestes abeilles leurs sucs de miel,
Pour faire des flambeaux nocturnes, coupez leurs cuisses de cire
Et allumez-les *aux yeux enflammés du ver-luisant*,
Pour éclairer mon amour au lit et à son lever.

Inutile d'ajouter que l'erreur de Shakespeare était volontaire et qu'il sacrifiait la vérité à la poésie.

CHAPITRE XII

— Milord, permettez-moi de me souvenir. Lorsque vous avez accompagné dans les Pays-Bas le comte de Leicester...

— Dieu ait son âme !

— Vous n'aviez pas dix-huit ans, puisque cela se passait en 1585. Devant une armée entière, la reine vous admet à l'honneur du baise-main...

— Quand vous parlerez de la reine, ne citez jamais de date. Elle a cinquante-neuf ans.

— Peu de temps après, désireuse de vous donner une nouvelle preuve de sa sympathie, elle vous nomme grand-écuyer et bientôt chevalier de la Jarretière. Tout autre fût devenu son très humble serviteur. Chez vous le mépris de la dissimulation, la vivacité des sentiments, l'emportent. La reine manifeste le désir de vous garder près d'elle, vous vous empressez de prendre part à l'expédition entreprise par Drake et John pour replacer le roi Antonio sur le trône de Portugal.

— Je devais vingt-trois mille livres sterlings.

— Vous trouvez le moyen de vous faire pardonner, en dépit de milord Walter Raleigh.

— Un sot !

— Et de milord Charles Blount.

— Un fat!

— Auquel vous donnez par-dessus le marché un joli coup d'épée.

— J'avais une lame italienne et une poignée écossaise.

— En 1590—la reine n'entend pas milord—vous recevez le commandement d'un renfort envoyé au secours du roi Henri IV... Vous faites des merveilles.

— Trois mille fantassins intrépides, trois cents gentilshommes, tous fils de lions, et trois cents lames à percer la lune!...

— Vous rentrez en Angleterre. Sa Majesté veut vous confier une nouvelle mission. Vous demandez à réfléchir. Hier elle insiste. Aujourd'hui vous lui répondez...

— Que je monte un cheval qui me passionne et dont je ne saurais me séparer sans douleur...

— Et vous me reprochez, Milord, d'être indépendant? de ne point prêter l'oreille aux conseils que vous voulez bien me donner relativement au puritanisme? Et vous me laissez entendre que mon *Songe d'une nuit d'été* a été une bravade qu'il ne faudrait pas renouveler? Milord, si j'osais plaisanter, je vous rappellerais que Robert Greene l'avait dit avant vous.

— A propos, comment va-t-il?

— Il est mort.

— Quand?

— Hier soir.

— De quoi?

— De misère.

— Sans remords ?

— Rempli de repentance.

— Je me souviens de ses recommandations à Marlowe, à Lodge et à Peele, dans son *Sou d'esprit :* « Je vous en prie, soyez avertis par mes malheurs. Ne vous complaisez pas, comme je l'ai fait, dans les jurements impurs ; méprisez l'ivrognerie, fuyez la débauche, abhorrez ces épicuriens dont la vie dissolue a rendu la religion odieuse à mes oreilles ; et lorsqu'ils vous caressent d'une voix parlant de la supériorité de votre esprit, rappelez-vous que Robert Greene, qu'ils ont souvent flatté, périt faute du nécessaire. »

— Milord a une mémoire extraordinaire !

— Le livre est encore sur ma table. « Souvenez-vous, Messieurs, que vos vies sont comme autant de lampes données à chacun de vous pour que vous les entreteniez avec soin. Les bouffées violentes de la colère peuvent les éteindre, l'ivrognerie les détruire, la négligence les laisser tomber. La flamme de la mienne en est maintenant à son dernier souffle. Ma main est fatiguée et je suis forcé de cesser quand je voudrais commencer. Je désire que vous puissiez vivre, quoique moi-même je sois sur le point de mourir ! » Pour en revenir à notre conversation, si je vous averti du danger, c'est moins par esprit de prudence ou de résignation que par intérêt pour votre personne. Vous voilà sorti de l'ornière. Des œuvres successives vous ont mis en relief. Ne vous créez pas des difficultés inutiles. Cela dit une fois pour toutes, à quoi travaillez-vous en ce moment ?

La conversation avait lieu par une belle matinée de juin, dans une chambre à coucher, servant aussi de cabinet de travail. La richesse de l'ameublement attestait la haute situation du propriétaire. Au fond de la pièce, une couche en bois de noyer à colonnades vernies et rougies montrait le luxe d'un ciel de lit en satin cramoisi garni de dentelles d'or et d'argent et d'une couverture de même étoffe, brodée aux coins d'armes entourées de guirlandes de houblon, de roses et de grenades. Au milieu une table surchargée de bibelots rares, parmi lesquels un superbe échiquier de cristal, avec les pièces montées en argent. Près de la fenêtre, un guéridon en ivoire et ébène supportant des papiers. Çà et là des chaises de velours cramoisi, des tabourets assortis et deux fauteuils. Aux murs un portrait de la reine, d'Alexandre le Grand, de sir Crofts, de sir W. Mildenay et une ravissante peinture d'après la veuve de Philippe Sydney.

Par la fenêtre, l'œil pouvait suivre les profils de Westminster, des divers palais avoisinant Charing Cross et le Strand, se reposer sur les ombrages de S^t. Jame's Park, de Spring Garden, de Covent Garden ; se perdre dans les lointains violacés de S^t. Gile's Broad.

Devant cette fenêtre étaient assis le comte d'Essex et William Shakespeare. Le premier por-

7

tait le costume à la mode, un habit de velours bleu orné de galons et brodé en or. Les cheveux courts et relevés droits laissaient voir aux oreilles des boucles d'argent rehaussées de perles. Bien qu'il eût à peine vingt-cinq ans, par une habitude contractée dès l'enfance, le corps penchait en avant. Mais l'œil était vif, la bouche rieuse, la physionomie franchement épanouie. Le second, vêtu d'un justaucorps de drap marron, un manteau de même étoffe et de même couleur sur le bras, cherchait à lutter d'entrain. Mais, de temps en temps, un nuage passait sur son front.

Leurs relations remontaient à la première représentation du *Songe d'une nuit d'été*. Le comte d'Essex s'était fait présenter Shakespeare par Burbadge, et, désireux de continuer les traditions de son beau-père, se l'était attaché comme serviteur. Les deux jeunes gens, si différents par l'origine et le but, se lièrent d'une amitié étroite. Le comédien eut ses entrées chez le grand seigneur, et le favori ne perdit pas une occasion de prouver ses sympathies au poète.

— A quoi je travaille ? répondit Shakespeare. Je remanie Plaute ; cette fois vous ne m'accuserez pas de chercher noise à Messieurs les puritains ? Le hasard m'a fait tomber entre les mains une traduction des *Menechmes* par William Warner[1]. Vous m'avez montré à quel point vous

1. Two twinne borne sonnes à Sicill marchant had, Menechmus one, and Socicles the other, etc.

On trouve cette traduction des *Menechmes* dans : *les Six vieilles* aviez la mémoire des textes en me récitant du Robert Greene. Permettez-moi de vous dire à mon tour l'argument de Warner. « Un marchand Sici- « lien avait deux fils jumeaux, l'un qui s'appelait « Menechmus, l'autre S_o_cicle. Le premier quitta « son père étant encore enfant. Le père appela le « second du nom du fils parti. Devenu un homme, « le second entreprend un long voyage pour cher- « cher son frère, arrive à Epidamnum où l'autre « vit pauvre, et comme il lui ressemble extraordi- « nairement, tous les citoyens le prennent pour « lui. Il en résulta les plus amusantes erreurs. »

— Joli sujet.

— Un badinage. Mais un badinage auquel je trouverai le moyen de donner de véritables touches de comédie. Et puis, à parler franc, j'y mets un peu de superstition. Vous savez que j'ai deux jumeaux, lesquels ont actuellement sept ans : Hamnet et Judith. C'est en pensant à eux que j'écrirai la pièce.

La porte s'ouvrit, donnant accès à un homme de vingt ans, resplendissant de jeunesse et de beauté. « Qu'on décrive Adonis, et le portrait ne sera qu'une pauvre imitation de lui-même ; qu'on déploie toutes les beautés de l'art sur la joue d'Hélène, et le voilà peint à nouveau sous le cos- tume grec. Qu'on parle du printemps et de la sai- son féconde, ce ne sera qu'une ombre de sa

Pièces dont s'est inspiré Shakespeare (Six old Plays on wich Sha- kespeare founded), publiées par S. Leacrost, Charing Cross (*Note de Malone*).

beauté [1]. » Il était revêtu d'un habit de drap vert de Lincoln, brodé en or, ceint d'un baudrier éclatant auquel était suspendue une épée. Il portait une toque de même étoffe, dont une chaîne fermée par un médaillon faisant trois fois le tour.

Le comte d'Essex présenta :

— Mr. Shakespeare, sir Henry Whriothesly, comte de Southampton et baron de Tichfield.

Le comte de Southampton s'avança au-devant de Shakespeare :

— Je suis heureux de vous serrer la main. J'ai fait mes études au collège de St. John's ; j'étais maître ès art à l'âge de seize ans, et je suis demeuré un passionné des lettres.

Et sans attendre une réponse, il abonda sur la littérature. Il vanta Surrey pour avoir débarrassé la littérature anglaise des formes du moyen âge et donné comme Pétrarque à Laure des sonnets à Giraldine ; il fit l'éloge de Thomas More, qui paya sa bonne latinité de sa vie. Il s'étendit sur Wolsey, Grammer, Habington, Drummond, Joseph Hall, John Cheke, Antony Cooke ; sur Spenser s'inspirant de *l'Orlando* et de la *Jérusalemme* pour écrire sa merveilleuse allégorie de *Fairie Queen*. Il évoqua toute une époque et quelle époque ! Celle qui avait donné naissance à Charles-Quint, à François Ier, à Léon X, Sixte-Quint, Elisabeth, Henry IV et don Sébastien. Voilà pour les princes. Pour les guerriers : Don Juan d'Autriche, le duc

____

1. Sonnet LIII.

d'Albe, le prince d'Orange, les deux Guises, Coligny, Biron, Lesdiguères, Montluc et La Noue. Pour les prélats, les savants, les érudits, les sectaires, les gens de lettres : saint Charles Borromée, saint François de Sales, Calvin, Théodore de Bèze, Buchanam, Tycho-Brahé, Galilée, Bacon, Cardan, Kepler, Ramus, Scaliger, Etienne, Manuce, Just Lipse, Vida, Mariana, Amyot, de Haillan, Montaigne, Bignon, de Thou, d'Aubigné, Brantôme, Marot, Ronsard. Pour les artistes : Titien, Paul Véronèse, Annibal Carrache, Sansovino, Jules Romani, le Dominiquin, Palladio, Vignole, Jean Goujon, le Guide, Poussin, Rubens, Van Dyck, Velasquez.

Et Shakespeare se sentait de plus en plus porté vers lui, par cette secrète puissance des instincts pareils et cette sympathie immédiate qui fait évanouir jusqu'à la réalité physique.

CHAPITRE XIII

A Deptfort. La nuit. Un cul-de-sac.

On suit une ruelle, on s'arrête devant une porte ferrée. Si on lève la tête, on aperçoit une vieille maison ventrue comme une hydropique, crevassée comme un galeux, n'ayant qu'une seule fenêtre ainsi qu'un borgne. Sous la porte passe un rayon de lumière fumeuse et sanglante. La porte s'ouvre ; une femme cumulant les fonctions de proxénète et de recéleuse, de celles qui, deux fois par an, font amende honorable devant la croix de St. Paul, vous introduit dans une pièce à peine éclairée, où l'on boit, où l'on chante, où l'on danse. On y boit plus d'ale et de wisky que de vin des Canaries. On y chante plus volontiers les ballades écloses dans les mauvais lieux de Cowe Cross que les romances sentimentales de John Part. On s'y entretient rarement d'art, plutôt de la dernière arrestation et de la prochaine corvée des bourreaux.

En ce moment la conversation domine, confuse :

— Est-il vrai que les jarretières croisées soient adoptées par les puritains ?

— La petite fraise aussi.

— Je passais donc la soirée à Pickt-Natch[1], et je vantais Jackerson, le héros du *Jardin de Paris*, quand un homme s'approche de moi et me dit : « Sir Gifford, voulez-vous que je vous présente une dame de bonne famille, qui ne serait pas fâchée d'entretenir, à quelques angelots par mois, un cavalier que la mauvaise fortune aurait condamné à faire entourer ses habits de lavande, autrement dit à les mettre en gage ? Elle ne réclame de lui qu'un peu de distinction dans sa façon de fumer, c'est-à-dire l'élégance de l'aspiration et aussi la pratique de souffler beaucoup de fumée, ce que nous appelons l'ébullition cuboenne. Elle se chargerait de lui apprendre, — étant veuve d'un gentilhomme dont l'écusson était gironné de huit pièces de gueule et d'azur, — la façon d'imiter les petites jambes et de porter le chapeau sur le sommet de la tête. Enfin elle n'exigerait qu'un peu d'amour sans trop de sentimentalité. »

— Alors ?

— J'accepte. Je prends rendez-vous sous la nef de S[t].-Paul. Je fais la dépense d'une paire d'éperons. J'aperçois la gaillarde. Je salue. Elle m'enlève. Dîner succulent : chapons gras, mauviettes, moineaux, tourte aux pommes de terre et vins généreux. Au dessert, je lui fais un discours sur l'imprudence qu'il y a pour les amants à donner à la bien-aimée des indigestions de tendresse. Il faut les nourrir comme les chevaux, non pas à

[1] Mauvais lieu célèbre.

mangeoire pleine, mais picotin par picotin. Elle m'appelle grand flagellateur des vices, grand détrousseur de ridicules, ruffian ! Je cogne. Elle crie, Je file... Et je n'avais pas touché les angelots !

. . . .

— On apprend l'escrime, le punto, le reverso, la stoccata, l'imbroccato, la passada, le montato, etc., etc. Cela fait, on s'habille de façon à ressembler à un va-nu-pieds, un chenapan, un déguenillé, qui n'a jamais bu que dans un pot d'étain, et l'on va flâner à Londres, dans les environs de Turnbull, de Whitechapel ou de Shoderitch, l'épée sous un manteau de gueux. Le premier qui passe, pourvu qu'il inspire confiance, on l'aborde avec des : « Par St. Georges ! » « Le pied de Pharaon ! » « Foi de gentilhomme ! » Il dégaine, on l'imite. Il attaque, on riposte. Il faiblit. On le tue. Et nargue le bourreau !

. . . .

— Alors, mourant de faim, j'ai pris l'enfant et je l'ai tué.

. . . .

Cependant, Marlowe, assis au fond, fixe la porte. Son front est pâle, ses yeux lancent des éclairs, sa bouche, contournée par l'anxiété, la douleur, semble celle d'un agonisant. Il est pauvrement vêtu, il est fiévreux, il est ivre. Loin déjà le temps, ô poète ! où tu prêtais aux esprits le pouvoir de courir dans l'Inde pour y chercher de l'or ; de fouiller l'océan, pour y pêcher la perle de l'Orient ; de remuer le nouveau monde, pour en rapporter des fruits exquis et des délicatesses princières. Loin aussi, celui où tu t'intéressais aux philosophies inconnues, où tu demandais à la nature le secret du bien-être et à la science celui de la grande énigme. Loin tes rêves de théâtre. De la vie tu n'as gardé que le souvenir des espions, des traîtres, des usuriers et des empoisonneuses. Avez-vous besoin d'une colonie de vauriens, d'un escadron de courtisanes, prêts à tout ? Ouvrez la main, prenez au hasard. Loin ton rêve d'amour ! Loin la pâle Maud ! Elle a renoncé aux nuits sans sommeil et aux jours sans repas. Un matin elle a pris la fuite, du côté de Lombard Street. Epuisée, elle s'est assise sur une borne, elle a fermé les yeux, et un rayon de soleil étant venu la réchauffer, elle a rêvé qu'elle portait une robe de satin gingembre doublée de taffetas moiré, garnie d'or et taillée à l'ancienne mode par devant. Sur sa tête reposait un magnifique chapeau de soie jaune, bordé d'une frange d'or avec une broderie de scorpions de Venise. Ses cheveux étaient retenus par un réseau de soie verte, tissé d'or. Au moment où elle voyait le comte d'Essex s'incliner devant elle et lui offrir un palais en échange d'un baiser, une main s'est posée sur son épaule et une voix lui a dit : « Veux-tu me suivre ? — Comment vous appelez-vous ? — Francis Archer. — Vous êtes prince ? — Non, je suis valet. Elle avait faim, elle s'est laissée emmener. Et Maud tient encore au cœur du malheureux Marlowe par une fibre douloureuse. Il n'avait qu'elle, Lodge et Peele l'ayant abandonné, et il s'y rat-

tachait comme un mourant à son dernier souffle !
Alors il a fait le voyage de Londres à Deptford,
pour la revoir, sachant où la trouver.

. . . .

Des filous ivres s'oublient entre des bras de
femmes échevelées, débraillées, sentant l'ale et
puant le vice. L'un d'eux chante à tue-tête une
chanson obscène.

. . . .

Pauvre Marlowe ! où la petite échoppe de cordonnier de Cantorbery ? où l'Université de Cambridge ? Où *Tamerlan*, lancé comme un défi, le
Massacre de Paris, *Didon, reine de Carthage*, ou
Edouard II ? « — Viens, Spenser, assieds-toi près de
« moi. Fais l'épreuve maintenant de cette philoso-
« phie que tu as sucée à l'école de Platon, dans nos
« Universités, nourrices des lettres. » — « Mon
« père, cette vie contemplative, c'est le ciel. Oh !
« que ne puis-je la mener dans le calme ! Mais
« nous, hélas ! nous sommes chassés, et vous, mes
« amis, ce sont vos vices, c'est mon déshonneur
« qu'ils poursuivent[1] ! » Où le *Juif de Malte* ? Où
Faust ? Où Maud ?

. . . .

Maud ! Encore Maud ! Toujours Maud ! Elle va
venir Maud et avec son amant. Et il mâche leurs
noms pourtant amers.

C'est elle !

_____

1. Traduction de M. A. Mézières.

Les libéralités de Francis Archer ne l'ont point changée. Elle est toujours aussi pâle, aussi maigre, aussi souffreteuse. Elle marche appuyée sur le bras de sa nouvelle recrue. Tout à coup elle s'arrête plus pâle encore.

Elle a reconnu Marlowe.

— Christopher !

— Maud !

Le valet provoque le poète. Fou de rage, Marlowe tire un poignard et se précipite sur Francis Archer. On les entoure, tandis que les femmes cherchent à faire reprendre connaissance à Maud. Le valet saisit Marlowe, lui arrache son poignard et lui en porte un coup vigoureux. Engagée dans l'œil, la lame pénètre jusqu'au cerveau. Christopher Marlowe tombe foudroyé. Pleurez, Muses ! Les hommes se chargeront de l'épitaphe sous forme de chanson :

> His lust was lawless as his life,
>   And brought about his death ;
> For in a deadly mortal strife,
>   Striving to stop the breath
> Of one who was his rival fol,
>   With his own dagger slain ;
> He groan'd and word spoke never moe
>   Pierc'd through the eye and brain.

« Sa débauche fut désordonnée comme sa vie et fut la « cause de sa mort. Car dans une rixe mortelle, essayant « d'arrêter le souffle d'un rival, il fut tué par son propre « poignard : il râla, ne dit plus un mot, l'œil et la cervelle « transpercés. »

Coupée est la branche qui aurait pu grandir

jusqu'à la pleine maturité; brûlé est le rameau du laurier d'Apollon qui croissait naguère dans ce savant. Faust n'est plus ! Regardez son infernale chute, et puisse sa destinée diabolique engager le sage à n'avoir que de l'étonnement pour les choses défendues, dont l'étude approfondie entraîne les esprits aventureux à des pratiques interdites par la puissance céleste[1] !

1. Chœur de Faust.

CHAPITRE XIV

Si la sympathie du comte d'Essex à l'égard de Shakespeare s'est transformée en une sincère amitié, le comte de Southampton et notre poète ne se quittent plus. Les deux gentilshommes et l'artiste forment une véritable trinité. Quand ils sont lassés de la littérature, ils discutent les questions d'amour, de cet amour qui rôde dans tous les coins du Palais de la reine, attendant en vain d'y jouer un autre rôle que celui de mythe, et d'y obtenir ses grandes entrées. Shakespeare chantera audacieusement ses louanges dans *Vénus et Adonis*. Il suppliera Adonis de descendre de son destrier, d'enrêner la bête à l'arçon de la selle, et de se laisser étouffer sous les baisers, tandis que la reine envoie en prison ceux de ses courtisans qui sacrifient à Vénus. Et cette même Vénus se fera dire que le plus sage est de ne pas laisser la beauté se consumer, et que les belles fleurs qui ne sont pas cueillies se fanent et se flétrissent. Elisabeth sait bien que le temps a ses gloires, qu'il réconcilie les rois en querelle, démasque la fausseté, met la vérité en lumière, appose son sceau sur les choses vénérables, veille le matin, fait sentinelle la nuit, offense l'offenseur jusqu'à ce qu'il répare ses torts, ruine les plus fiers édifices, alimente l'oubli par la disparition des choses, arrache les plumes aux ailes des anciens corbeaux, tarit la sève des vieux chênes, dégrade les antiquailles d'acier forgé, pousse la roue de la Fortune, présente à l'aïeule les filles de sa fille, fait de l'enfant un homme, et de l'homme un enfant, tue le tigre qui vit de tuerie, apprivoise la lionne et le lion, réjouit le laboureur par un accroissement de moisson, entaille d'énormes pierres avec de petites gouttes d'eau. Mais elle sait aussi que ce laquais de l'éternité est encore celui de la vieillesse. Or la reine est une vieille femme qui s'efforce en vain de lutter contre les nombreux hivers. N'est-ce pas elle qui répond par la voix d'Adonis : « Je ne connais pas l'amour, je ne veux pas le connaître, à moins que ce ne soit une bête fauve, et alors je lui donnerai la chasse. C'est une dette trop lourde pour que je la contracte. Levez ce siège de mon imprenable cœur; il n'ouvrira pas la porte aux alarmes de l'amour. » Adonis cédant, n'est-ce pas laisser entendre que, sans les impossibilités physiques, la reine aurait cédé depuis longtemps? Elle aussi voudrait saisir ses proies vaincues, Essex, Southampton ou Raleigh ; elle aussi voudrait qu'ils payassent une rançon dont elle élèverait le taux si haut qu'elle mettrait à sec le riche trésor de leurs lèvres mortelles. Elle aussi fouragerait avec une aveugle force ; son visage fumerait ; son sang bouillonnerait ; le désir provoquerait d'inespérées audaces. Shakespeare ne redoute-t-il pas la vengeance d'une reine fatalement vierge ? Que lui a-t-elle fait ? Rien. Il semble lui en vouloir de jouer la comédie de l'amour, lui dont le péché aura été l'amour [1]. Et puisqu'elle n'a pas été convaincue par la lecture de *Vénus et Adonis*, il écrira *le Viol de Lucrèce*, et, par une sorte d'ironie, le dédiera à Wriothesly, comte de Southampton, et baron de Tichfield : « L'œuvre que je voue à votre Seigneurie est sans fin, et cet opuscule, sans commencement, n'est qu'un morceau superflu. C'est l'assurance que j'ai de votre noble disposition, et non le mérite de mes vers novices, qui me rend certain d'une acceptation. Ce que j'ai fait est à vous, ce que j'ai à faire est à vous comme portion du tout que je vous ai consacré. Si mon mérite était plus grand, mon hommage paraîtrait plus grand ; tel qu'il est, en attendant, il est dédié à votre Seigneurie, à qui je souhaite une longue vie prolongée par le bonheur. » Il chantera encore l'amour, toujours l'amour, mais l'amour féroce, celui d'Elisabeth, avec cette différence que Tarquin a la force de l'instinct, et la reine, celle du bourreau. Changez quelques mots au monologue de Tarquin, vous pouvez le placer dans la

---

1. Sonnets.

bouche d'Elisabeth : « O torche, éteins ta clarté, au lieu de noircir celle qui dépasse ton éclat! Mourez, pensées sacrilèges et ne salissez pas de vos impuretés ce qui est divin! O sombre déshonneur du tombeau de ma famille? O honte de la chevalerie et des armes éclatantes! O forfait impie qui comprend les plus noirs attentats! Une reine, l'esclave d'une passion voluptueuse! L'ignominie me suivra et fera tache sur l'or de mon écusson. Le héraut inventera quelque dégradant stigmate pour dénoncer ma folle passion! »

Elisabeth ne lui en voudra pas. Le génie a ce privilège de désarmer les plus impitoyables. Relisez la fable d'Orphée. Elle ne lui en voudra pas, parce qu'il vient d'obtenir deux nouveaux succès, l'un avec la *Comédie des Erreurs*, inspirée de la comédie de Plaute à laquelle il faisait dernièrement allusion chez Essex, l'autre avec *l'Apprivoisement de la mégère*. Et, comme s'il lui en tenait rancune, Shakespeare insistera à nouveau. Burbadge, plus timoré, lui enjoindrait peut-être de passer outre, mais le succès de son théâtre dépend de Shakespeare, lequel, devenu participant aux bénéfices, a conséquemment voix au chapitre. Or ce théâtre est nouveau. Il s'appelle *le Globe*. Son drapeau flotte sur le Bankside [1]. Il a besoin d'un lance-

1. Nous avons déjà fait allusion plus haut au drapeau de Blackfriars. Nous lisons dans le *Curtain Drawer of the World* (1612) : « Chaque théâtre faisait flotter son drapeau, pour attirer les hommes, les femmes et les enfants. » Dans *A Mad World, my masters*, une comédie de Middleton, on trouve le passage suivant : « Du poil au chapeau, c'est quelque chose comme un drapeau au sommet d'un théâtre désert. »

ment. Il faut un coup de maître ; Shakespeare va le tenter.

Nous avons déjà donné un aperçu de l'état des esprits à Londres, sous le règne d'Elisabeth. Insistons-y. L'antiquité grecque et latine a traversé le continent, puis la Manche, et s'est installée en Angleterre. Au commencement du siècle, les écoles anglaises enseignent le grec et le latin. Pour l'étude des deux langues, le cardinal Wolsey fonde le collège de Christ-Church et l'école d'Ipowich ; à Oxford et à Cambridge, Thomas Linaire, Erasme, et l'espagnol Jean-Louis Vivès réunissent un grand nombre de disciples, parmi lesquels Thomas More, Gardiner, Reginald Pole, John Hooper, John Aylmer, John Cheke, Thomas Smith, Roger Ascham. Marie, fille d'Henri VIII, vient d'atteindre l'âge de sept ans; Vivès écrit pour elle un traité sur l'éducation des femmes : *De institutione feminæ christianæ*, un recueil de maximes morales : *Ad sapientam introductio satellitia*, et Linacre une grammaire latine en anglais. Linacre lui conseille aussi S^t. Cyprien, S^t. Jérôme, S^t. Augustin, de Boèce, Platon, Cicéron, Sénèque, Lucain, Prudence, Sidoine Appollinaire. Elisabeth et Edouard, sa sœur et son frère, sont confiés à sir John Cheke et à Richard Coxe pour le latin, à Jean Belmain pour le français, à Baptista Castiglione pour l'italien, langue dans laquelle Elisabeth fait des progrès suffisants pour envoyer comme étrenne, à son frère, un sermon italien copié de sa propre main. Quand Edouard, à l'âge de Marie, épelait Cicéron, Coxe put se vanter auprès de l'archevêque de Cantorbéry d'avoir un élève sachant par cœur les quatre livres de Dionysius Caton, de nombreux extraits de la Bible, et une partie des fables d'Esope.

Mais Elisabeth se distinguait par son assiduité et son intelligence. En 1545, — elle a douze ans, — on la confie à William Grindall. Trois années après, elle travaille, sous la direction d'Ascham, qui bientôt pourra dire d'elle :

« Tout ce qu'Aristote requiert de qualités s'est donné rendez-vous dans sa personne : beauté, grandeur d'âme, sagesse, amour du travail, elle possède tout au plus haut degré. Elle compte un peu plus de seize ans, et l'on n'imaginerait jamais tant de gravité à cet âge. Elle a la passion de la vraie religion et de la meilleure littérature. Exempte de toute faiblesse humaine dans la trempe de son esprit, elle est douée d'une force visible d'application et d'une mémoire ! impossible de l'avoir plus prompte et plus sûre. Elle parle le français et l'italien comme l'anglais, le latin avec facilité, propriété et jugement, le grec médiocrement, mais souvent et volontiers dans nos entretiens. Rien de plus beau que son écriture en grec et en latin. Elle est très habile en musique, sans y prendre grand plaisir. Et pour parler de sa toilette, elle préfère de beaucoup l'élégance simple à la recherche. A voir son mépris des artifices de la coiffure et des ornements d'or, ce n'est pas Phèdre, c'est Hippolyte que rappellerait sa manière d'être.

« Elle a lu avec moi tout Cicéron et une grande partie de Tite-Live. Nous avons tiré à peu près de ces seuls auteurs ce qu'elle sait de latin. Commençant invariablement la journée par le *Nouveau Testament* en grec, elle passait ensuite aux discours choisis d'Isocrate et aux tragédies de Sophocle, car je pensais former de cette manière son langage à la plus pure diction, son esprit aux plus excellents préceptes, et la prémunir, dans sa haute situation, pour toutes les chances de la fortune ; quant à l'instruction religieuse, après les sources de l'Ecriture, elle la puisa dans S^t. Cyprien, dans les *Lieux communs* de Mélanchton et autres ouvrages analogues, capables d'inculquer la pure doctrine avec un style élégant.

« En toute espèce d'écrit, un mot est-il employé mal à propos ou tiré de trop loin, elle s'en aperçoit sur-le-champ. Elle ne peut supporter ces sots imitateurs d'Erasme qui enlacent la langue latine dans les misérables entraves des proverbes. Une diction née du sujet même, soigneuse de la propriété des termes, brillante de clarté, voilà ce qui lui plaît. Elle admire par-dessus tout la métaphore discrète, le contraste habilement ménagé au moyen d'heureuses oppositions... Son oreille, exercée par une étude continue, est si délicate et son jugement si éclairé que, soit en grec, en latin ou en anglais, il ne se présente rien de négligé et de banal, ou bien de précis et d'harmonieux, de surabondant par l'affectation du nombre, ou de réglé dans une juste mesure, que sur-le-champ, à la simple

lecture, tant elle y met d'attention et de scrupules,
elle ne le rejette avec dégoût ou ne l'accueille avec
le plaisir le plus vif.

« Je n'imagine rien, cher Sturmius. Cela n'est
pas nécessaire. J'ai voulu seulement vous esquis-
ser le tableau de son excellent génie et de ses inclinations ; et, tout entier à la contemplation de mon
modèle, je me suis étendu de bon cœur et avec
plaisir sur la personne aimée de ma très illustre
maîtresse[1]. »

Cependant Jane Grey, âgée de treize ans,
lisait *Phédon* dans l'original ; Marie, la fille de
Catherine d'Aragon, Catherine Parr, la duchesse
de Suffolk, les filles du duc de Somerset, la comtesse de Pembroke, lady Clarke, lady Tyrwhit,
Catherine Asthley, rivalisaient d'intelligence et
d'érudition.

A la Cour, Elisabeth ne se distraira pas de ses
chères études. A Hatfield, elle se remet au grec.
Le matin de la proclamation de Jane Grey, elle
achevait de lire Horace pour la troisième fois, et
la nouvelle de l'avènement de Marie Tudor l'a surprise comme elle découpait les pages d'un Quinte-
Curce. Lorsque Marie envoie sir Richard South-
well, sir John Williams, sir Edouard Hastings et sir
Thomas Cornwallis chercher Elisabeth à Ashrige,
ils la trouvent couchée, malade, ayant un volume

---

1. Nous donnons ici la traduction de M. Louis Wiesener,
auquel on doit un intéressant volume sur la jeunesse d'Elisabeth
d'Angleterre.

de *la République de Platon* sous son oreiller. Prisonnière à Witehall, elle commente la Bible. Enfermée à la Tour, elle songe à un traité d'éducation. Sous les ombrages de Woodstock, elle lit les livres saints. La bibliothèque Bodléienne d'Oxford possède encore son exemplaire des *Epîtres de S*. *Paul*. Sur la couverture sont des devises brodées de sa main. Thomas Martin en a donné la description. La couverture porte d'un côté sur le bord : *Cœlum patria. Scopus vitæ XPVS. Christo vide.* — Au milieu, un cœur, et à l'entour : *Eleva cor sursum ubi E. C. (est Christus)*. De l'autre côté de la couverture, au bord : *Beatus qui divitias scripturæ legens verba vertit in opera*. Au milieu une étoile, et à l'entour : *Vicit omnia pertinax virtus. E. C. (Elisabethæ captivæ)*. Quand elle retrouve la tranquillité de Hatfield, son premier mouvement est d'appeler son maître Roger Ascham et, avec lui, de travailler Eschine. Lorsqu'elle apprend que Marie a cessé de vivre, d'étonnement ou de joie, elle laisse tomber un volume de Démosthène.

Assise sur le trône, Elisabeth ne se démentira pas. Elle veut attacher son nom à un règne littéraire. Elle comprend, malgré les sourds grondements de la Réforme, que l'époque est favorable à l'esprit ; le gouvernement sera sans despotisme, le peuple est sans entraves ; la terre est riche. La politique, réfugiée au sommet, est lettre morte pour une partie de la noblesse, la bourgeoisie, le populaire, et l'industrie trop rare pour abaisser la pensée jusqu'à la pratique des intérêts. Elle arrête au passage tout ce qui vient d'Italie et préside à de nouvelles semailles. Seulement, si la terre est bonne, les semeurs sont souvent inexpérimentés. L'épi sera superbe, mais rare ; la vigne fertile, mais folle. Le désordre poussant la nature à l'exaspération, à Londres comme à Paris, de la surproduction dans l'écriture et de l'abus de la conversation naîtra la préciosité.

Shakespeare a senti le ridicule et le danger, comme Molière le sentira cent ans plus tard. Ils ne voit plus que des types sur le modèle de don Fabio Adriano, le fameux baron roman rencontré à Oxford chez Mrs. Davenant. « Par l'eau salée de la Méditerranée, voilà qui est bien ouché ! une vive botte d'esprit ! Une, deux et droit au cœur ! » C'est un pathos d'italien, d'espagnol, de français, et la langue nationale est en péril. Il est temps de réagir contre les initiateurs de la mode nouvelle, contre Lyly, contre Florio, contre Bankes, et, s'il le faut, contre la reine !

A Lyly il empruntera son jargon zézayant et bizarre. Du baron Fabio Adriano, il fera Armado, et pour qu'il soit complètement comique, un Armado amoureux. « Sur ce, je t'avouerai que je suis amoureux, et comme un soldat s'abaisse à aimer, je suis amoureux d'une fille de bas étage. Si je pouvais tirer l'épée contre l'humeur de mon affection, pour me délivrer de ce sentiment réprouvé, je ferais ma passion prisonnière, et je l'échangerais avec quelque courtisan français pour une révérence de nouvelle mode. Je trouve humiliant de soupirer ; il me semble que je devrais abjurer Cupido. Console-moi, page. Quels sont les grands hommes qui ont été amoureux ? — Hercule, maître, — Suave Hercule ! Cite-moi encore d'autres autorités, cher page ; et surtout, mon doux enfant, que ce soient des hommes de bonne renommée et de mœurs solides, — Samson, maître ! C'était un homme de mœurs solides, très solides, car il chargeait les portes d'une ville sur ses épaules, comme un portefaix, et il était amoureux. — O robuste Samson ! Je te surpasse autant à manier la rapière que tu m'as surpassé à porter les portes. » — De John Florio… Mais qui est Florio ? Un pédant, un « schoolmaster », un professeur d'italien, qui vient de faire paraître un dictionnaire sous le titre de *Un monde de mots* (*A World of Words*) et qui, dans son épître dédicatoire, ose affirmer que son dictionnaire ne vaut pas beaucoup moins que *le Trésor de la langue grecque* de Stephen. Après l'épître, une préface où ceux qui se sont permis d'exercer la moindre critique contre l'auteur sont des « chiens de mer, des monstres d'hommes, s'ils ne sont pas des bêtes plutôt que des hommes. Des hommes ayant des dents de cannibales, des langues de vipère, des lèvres empoisonnées, des yeux de basilic, l'haleine d'une tombe ; des hommes dont les paroles sont pareilles à des sabres turcs, etc. » Shakespeare et les confrères ne seront pas épargnés : « The plaies that they plaie in England are neither right comedies, nor right tragedies, but representations of histories without decorum », c'est-à-dire que « les pièces que l'on joue en Angleterre ne sont ni de bonnes comédies, ni de bonnes tragédies, plutôt des représentations d'histoires sans décorum ». De Florio, Shakespeare fera un curé qu'il appellera Nathaniel et dans la bouche duquel il mettra des définitions empruntées au fameux dictionnaire. Florio a écrit : *Cœlo, Heaven, the Sky or welkin* (le ciel, le firmament, l'empyrée) ; *Terra, the soil, the land, the earth* (le sol, le continent, la terre). Ecoutez ce que dira *Nathaniel :*

Holopherne

En vérité, une forte honorable chasse! exécutée d'après le témoignage d'une bonne conscience.

Nathaniel

La bête était, comme vous le savez, *insanguis*, en sang ; mais ainsi qu'une grosse pomme d'eau, qui pend comme un joyau à l'oreille de Cœlo, c'est-à-dire le ciel, le firmament, l'empyrée, et tout à coup tombe comme un fruit sauvage sur la face de la *terra*, le sol, le continent, la terre [1]...

Oh! ce nourri des délicates friandises qu'on amasse dans les livres ; ce mangeur de papier, ce buveur d'encre, dont l'intellect est garni de provisions! Oh! cet esprit fin, extravagant, plein de

---

1. The deer was at you Know, in *sanguis* blood, ripe as a pomewater, who now haugeth like a jewel in the ear of *cœlo*, the sky, the welkin, the heaven, and anon falleth like a crab, on the face of *terra*, the soil, the land, the earth...

formes, de figures, d'images, d'objets, d'idées, d'appréhensions, de mouvements, de révélations, engendré dans le ventricule de la mémoire, nourri dans le sein de la *Pia Mater*, et mis au jour à la maturité de l'occasion ! Quel impérissable grotesque !

Ce qui concerne Bankes est moins grave. Bankes est un dresseur de cheval qui a su se concilier la sympathie de tous les gens à la mode. Dans son *Histoire du monde*, Sir Walter Raleigh dit que, si Bankes avait vécu dans le vieux temps, il aurait dupé tous les enchanteurs. Sir Kenelm Digby[1] raconte que Morocco, le cheval de Bankes, rapportait un gant aussitôt que son maître lui avait glissé dans l'oreille le nom de son propriétaire, et qu'il comptait admirablement la monnaie. Morocco fait mieux encore : il peut monter jusqu'au faîte de St. Paul. Dans son *Chrestoloros*, Tomas Bastard l'affirme en toutes lettres : « Bankes possède un cheval qui a des qualités étonnantes ; il rapporte, il danse, il se couche, il trouve une bourse, il vous indique l'argent que vous possédez : il monterait jusqu'au haut de Saint-Paul. » Il existe un pamphlet daté de 1595 et intitulé : *Conversation rédigée en un joyeux dialogue entre Bankes et son animal*, en tête duquel est une gravure représentant Morocco debout devant son maître et tenant un bâton dans la bouche. Morocco était donc célèbre. Il lui fallait l'immortalité. Shakespeare la lui donnera en faisant dire à Phalène : « Combien il est aisé d'ajouter

1. *A Treatise on Bodies.*

les années au mot trois et d'étudier trois ans en deux mots, *le cheval qui danse vous l'apprendra* (The dancing horse will tell you).

Shakespeare a déjà don Adriano de Armado; sir Nathaniel, Holopherne, Dull, Costard et Phalène.

Ce n'est pas assez.

Réduite à ces proportions, la comédie serait peut-être d'un intérêt insuffisant. Et puis l'amitié lui fait un devoir de protester contre une nouvelle tyrannie, celle de la reine, de la savante, de la vierge. Elisabeth ne veut pas que ses favoris jouissent d'un bonheur qui lui est défendu. Ayant appris que le comte d'Essex était l'époux secret de la veuve de sir Philippe Sydney, elle a exigé que cette dernière fût rendue à sa famille. Une indiscrétion lui ayant fait connaître qu'une de ses suivantes était unie dans les mêmes conditions à Walter Raleigh, elle a chassé Elisabeth Trockmarton et ordonné qu'on enfermât Raleigh à la tour. Southampton est tombé amoureux d'Elisabeth Varnon. Shakespeare l'a supplié de ne pas laisser périr la race des Southampton, et, pour le mieux persuader, a employé la forme poétique. « De nos plus belles créatures nous exigeons une postérité, afin que la rose de la beauté ne puisse jamais mourir et que son tendre rejeton recommence son image. Nourriras-tu la flamme de ton foyer de ta propre substance? Enseveliras-tu ta sève dans ton propre bourgeon? Prends garde que la nature n'aille dévorer dans ta tombe la part qui lui est due. Lorsque tu auras atteint l'âge de quarante ans, lorsque de profondes tranchées auront été faites dans le champ de ta beauté, la livrée de ta jeunesse ne sera plus qu'une guenille. Si tu refuses de revivre dans un autre, tu voles le monde et tu confisques le bonheur à une mère. Où donc est la femme dont la matrice se déroberait au sillon de ton labour ? » Southampton, sous l'œil de la reine, est sur le point de renoncer à sa maîtresse. Alors Shakespeare prend la résolution de plaider pour Essex, pour Raleigh et pour Southampton. Sa première comédie doit être représentée au Palais, devant Sa Majesté. Non seulement Elisabeth sera blâmée dans sa protection à tous les don Adriano qui se croient indispensables parce qu'ils zézaient l'italien, font empeser leurs fraises à l'empoix jaune (*Villainous saffron*) et qui devraient parader à Mile-End-Green[1] au lieu d'occuper la Cour; mais elle le sera encore dans sa sévérité, dans son injustice, à l'égard de ses favoris. Elisabeth deviendra Ferdinand, roi de Navarre, lequel ayant juré de chasser l'amour partout où il se trouve obligera trois de ses favoris à formuler le même serment. De même que la reine compte sans la veuve de Philippe Sydney, sans Elisabeth Trockmarton et sans Elisabeth Varnon, le roi Ferdinand comptera sans la princesse de France, sans Rosaline, Catherine et Maria. L'amour aura raison d'une tyrannie en même temps que la langue nationale d'un jargon, et à la fin de la pièce portant l'intraduisible titre de

1. Carrefour de la cité où étaient représentées des farces.

Love's Labour's Lost[1], la justice et la vérité auront décidément reconquis leurs droits.

1. M. Mason suppose qué le titre de *Love's Labour's Lost* serait une corruption de *Love's labour Lost*. M. Gildon se demande l'explication de *Love's labour's Lost*. Enfin, dans une poésie intitulée : *Alba, the months Mindeof a melancholy Lover*, par R.-T. Gentleman et imprimée en 1598, il est fait allusion à la pièce sous le titre de *Love's Labour Lost*, ce qui donnerait raison à M. Mason et à M. Gildon. Voici cette allusion :

> *Love's Labour Lost* I once did see, a play
> Y-Cleped so, so called to my paine,
> Which I to heare to my small joy did stay.
> Giving attendance to my froward dame.

Love's Labour Lost, plus grammatical, n'est pas, d'ailleurs, beaucoup plus traduisible.

CHAPITRE XV

L'amour n'en sera pas reconnaissant envers nôtre poète. A force de le chanter pour les autres, Shakespeare s'est laissé prendre à ses filets. Par la vie, il a rencontré une femme qui lui a laissé de l'espoir, et il s'est écrié : « Si l'ombre de l'amour nous procure tant de joies, que de félicités ne faut-il pas attendre de l'amour lui-même ! » Cela s'est passé un soir. Elle était assise devant son virginal, jouait du Rowland [1], et aussitôt il envia les touches qui, dans leurs bonds agiles, baisaient le tendre creux de sa main, et ses pauvres lèvres, qui auraient tant voulu recueillir cette récolte, restèrent près d'elle, toutes rouges de la hardiesse du bois [2]. Pourtant il se pencha vers elle. Il lui murmura à l'oreille : « Si musique et douce poésie s'accordent ainsi que deux sœurs, nous devons nous aimer, Madame, car vous aimez autant la musique que moi la poésie. Votre goût est pour Rowland, dont la touche céleste sur le luth saisit les sens, le mien est pour Spenser dont si profonde est la pensée que, dépassant toute pensée, elle échappe à l'éloge. Vous aimez entendre le son mélodieux

1. Sonnet 128.
2. Sonnet 128.

que Phébus tire de son luth, je me noie dans de profondes délices quand il se met à chanter. La fable prétend que la musique et la poésie ont le même dieu. Toutes deux ont le même amoureux, car toutes deux vivent en vous[1]. » La belle a poursuivi avec un de ces sourires qui sont une promesse, et Shakespeare s'est perdu en elle. Ses yeux sont noirs comme le corbeau, et cette beauté leur sied, semblant porter le deuil de toutes les beautés qui, n'étant pas nées blondes, calomnient la créature par une fausse apparence[2]. Ses lèvres sont de corail. Ses joues portent des roses plus roses que les roses de Damas[3]. Ne croyez pas qu'il la flatte. Il n'en est pas de lui comme de cette Muse dont une beauté peinte exalte le vers, qui emploie le ciel même pour ornement et rapproche les plus charmantes choses des charmes de l'objet aimé, le comparant au soleil, à la lune, aux pierres précieuses ou aux fleurs d'avril. Vrai en amour, comme en tout, il n'écrit que la vérité. Il concède qu'elle soit moins splendide que les flambeaux d'or du ciel éthéré[4]. Il ne se dissimule pas qu'elle a forgé d'illusions l'ancre où est lié le jugement de son cœur et que, loin d'être un parc réservé, elle serait plutôt la place publique de l'univers[5]. Il sait que ses lèvres ont profané leurs ornements écarlates et scellé de faux engagements d'amour,

1. Sonnet 128.
2. Sonnet 127.
3. Sonnet 130.
4. Sonnet 21.
5. Sonnet 137.

volant aux lits des autres leurs légitimes revenus.
S'il ne l'aimait qu'avec les yeux, il remarquerait
mille défauts en elle; s'il ne l'entendait qu'avec
les oreilles, il ne serait plus charmé par le son de
sa voix[1]. Il l'aime de cet amour qui ne raisonne
pas, d'un amour semblable à une fièvre toujours
altérée de ce qui l'alimente, et qui s'alimente de ce
qui perpétue la souffrance. Sa raison est impuis-
sante, il délire[2]. Il lui est impossible de savoir de
quelle puissance elle tient la faculté de dominer
son cœur du haut de son indifférence; d'où elle
tire le charme qu'elle prête aux choses mauvaises,
comment ses plus méchantes actions ont tant de
force et tant de prestige que ses défauts lui semblent
supérieurs à toutes les perfections; par quel art
elle se fait d'autant plus aimer de lui qu'il voit de
nouveaux sujets de la haïr[3]. L'amour est son
péché!

Pour peindre son état d'âme, Shakespeare, dans
un de ses plus délicieux sonnets, a recours à l'allégorie. Un jour, Cupidon posa près de lui sa torche
et s'endormit. Une des vierges de Diane survint,
prit la torche, la plongea dans une fontaine qui
devint aussitôt bouillante et acquit la propriété
de guérir. A cette fontaine, le pauvre Will a voulu
se rendre. Son mal est si grand que la cure a été
superflue et qu'il lui a fallu chercher sa guérison,
là même où Cupidon avait rallumé sa torche, dans

1. Sonnet 141.
2. Sonnet 147.
3. Sonnet 150.

les yeux de sa maîtresse[1]! Et dans son cœur chantent les futurs héros de l'amour. Déjà Antoine vainqueur souhaite que Cléopâtre étreigne son cou bardé de fer, qu'elle s'élance sur son cœur pour s'y laisser soulever par des élans de triomphe! Trompettes, assourdissez la ville de vos fanfares de cuivre et qu'on y mêle le cliquetis des tambourins, en sorte que le ciel et la terre se fassent l'écho de leur approche! Juliette trouve déjà l'heure boiteuse. Les messagères d'amour devraient être des pensées plus promptes que les rayons du soleil qui dissipent l'ombre au-dessus des collines nébuleuses. Coursiers aux pieds de flamme, retournez au galop! Nuit consacrée à l'amour étend tes voiles, que Roméo bondisse dans ses bras. Elle a acheté un domaine d'amour, et celui qui l'a acquise n'a pas encore percé d'allée! Auprès du berceau mystérieux de Titania, répète une troupe de paillasses, d'artisans grossiers, de ceux qui travaillent pour du pain dans les échoppes d'Athènes. Le plus stupide de la bande s'est égaré dans un taillis, et Puck en a profité pour lui mettre une tête d'âne. Et, déjà, Titania réveillée s'est amourachée d'un âne!

Tandis que l'Inconnue le prenait ainsi tout entier, combien de fois s'est-il souvenu de Marlowe et de la pâle Maud, l'amante du valet Arscher! Combien de fois sa pensée l'a-t-elle transporté à Stratford-sur-Avon, où tant de calme l'eût remis!

1. Sonnet 153.

Combien de fois a-t-il cherché refuge dans la solitude et le travail ? Combien de fois s'est-il épanché dans le sein de Southampton? Hélas ! C'est de lui que devait venir le coup le plus cruel.

L'Inconnue a toutes les aspirations d'une fille. Shakespeare, ce n'est que le talent, la réputation ; Southampton, c'est la noblesse, la fortune. Elle a été le trouver, et Southampton a trahi son ami. Shakespeare en reçoit une blessure profonde ; mais, à la vue de son sang, sa première pensée est que, sous les mains de l'Inconnue, Southampton pourrait saigner aussi, et dans un élan sublime : « Maudit, s'écrie-t-il, maudit le cœur qui fait gémir le mien de ma blessure et de celle de mon ami ! N'était-ce pas assez de me torturer, fallait-il que mon ami connût cette torture ? Tes yeux cruels m'avaient enlevé à moi-même, et voilà que tu t'empares de ce qui est un autre moi-même ! Je suis abandonné de lui, de moi-même et de toi ! Triple tourment à subir ! Emprisonne mon cœur dans ton cœur d'acier et qu'il serve de caution à celui de mon ami[1] ! Accapare-moi tout entier, mais restitue-moi ma perpétuelle consolation ! »

Et comme l'Inconnue ne répond pas, Shakespeare s'adresse à Southampton. Il le presse ; il l'implore ; il se heurte à ses remords. Des remords ! n'aie pas de remords ! Ils ne sauraient être un remède à ma douleur[2]. N'aie plus de chagrin de

1. Sonnet 133.
2. Sonnet 35.

ce que tu as fait. Les roses ont l'épine, et les sources les plus argentées, la vase. Les nuages et les éclipses cachent le soleil et la lune. Le plus suave bourgeon peut renfermer un chancre[1]. Prends toutes mes amours, mon amour, prends-les toutes. Il n'est plus d'amours, mon amour, qui m'appartienne en fait. Avant que tu m'enlevasses ma maîtresse, tout ce qui était à moi t'appartenait déjà[2]. Gentil voleur, je te pardonne ton larcin, bien que tu m'aies pris tout mon pauvre avoir ; mais nous ne pouvons être ennemis. Tu es tendre, n'as-tu pas été créé pour être séduit ? Tu es beau, n'as-tu pas été créé pour être assailli[3]. Évidemment tu aurais pu respecter mon domaine. Mais qu'importe ! Qu'elle soit à toi, ce n'est pas là mon principal chagrin, et cependant je peux dire que je l'ai bien aimée ! *And yet it may be said I lov'd her dearly !*

Je ne crois pas qu'il soit possible de mieux exprimer ce double chagrin d'un amour trahi et d'une amitié en danger. Mais, qu'on se rassure, Southampton ne demeurera pas insensible à la souffrance du poète. L'Inconnue est vite sacrifiée. Les deux amis tombent dans les bras l'un de l'autre. Shakespeare reprend son équilibre et sa muse va être toute aux mérites du repentant. Elle les chantera en termes qui peuvent surprendre ; notre regretté maître Philarète Chasles en a donné la raison.

1. Sonnet 152.
3. Sonnet 153.
4. Sonnet 154.

« Le platonisme des Philelphe et des Médicis
« avait si bien effacé la trace des réalités vulgaires
« que l'allégorie n'était plus féminine ou mascu-
« line; l'antagonisme même des sexes disparaissait
« dans l'Idée. Le corps n'était plus. La forme ne
« se montrait pas. Il y a un sonnet de Shakespeare,
« le XXIe, où le poète parle d'une « muse », et
« la traite en « homme ».

                                                   « That muse,
                   Stirr'd by a pointed beauty to his verse.»

« Il décrit ailleurs les mérites charmants d'un
« jeune homme (Southampton), et il parle de lui
« comme d'une femme (*Created for a woman*). La
« réalité physique s'était évanouie. Si la réhabi-
« litation totale de la chair semble aujourd'hui
« avoir anéanti l'*Idée*, — le moyen âge néo-pla-
« tonicien jusqu'à l'absurdité, avait anéanti la
« matière et détruit la forme corporelle. D'une
« femme ou d'un homme, il faisait la pure *Idée*.
« C'étaient si bien la nécessité et la mode que les
« épîtres amicales de cette époque sont remplies
« d'expressions d'amour (*love*). L'estime pour
« l'honnête homme, le culte de la femme aimée,
« l'attache sérieuse envers un compagnon de
« choix, la passion sensuelle pour une beauté
« adorée se confondaient de la manière la plus
« baroque; et il a fallu toute la vigueur de style,
« toute la fermeté incisive de notre Michel Mon-
« taigne, pour que le souvenir qu'il a consacré à
« son cher La Boëtie triomphât de ces habitudes

« de vague extase et nous parvînt pur, touchant,
« précis, enfin tel qu'il a été écrit, pensé et
« senti par son merveilleux auteur. »

Oh ! le doux poème à l'Amitié que la continuation de ces sonnets qui, soit dit en passant, représentent une période de deux ou trois années. Comme il lui conte ses peines, le doux Shakespeare. « Lassé de tout, j'invoque le repos et la mort, lassé de voir le mérite né mendiant et la pénurie affublée en drôlerie, et la foi violée et l'honneur honteusement déplacé, et la vertu prostituée, et le mérite disgrâcié, et la force paralysée par un pouvoir boiteux, *et l'art bâillonné par l'autorité* ; lassé de tout cela, je voudrais m'y soustraire, si, pour mourir, je ne devais laisser mon seul amour [1]. »

Southampton s'absente-t-il ? Pour Shakespeare, l'hiver est sans fin. Il sent des froids glacés ; il voit de sombres jours. Le printemps revenu, ni les chants des oiseaux, ni les parfums des fleurs ne peuvent lui faire dire un conte d'été. Il est allé de côté et d'autre ; il s'est travesti à tous les yeux (*And made myself a motley to the view*); rien n'y a fait. Il n'avait pas près de lui le confident de ses douleurs d'artiste, celui dont l'affection le rend plus noble qu'une haute naissance, plus riche que l'opulence, plus élégant que les vêtements chers, plus joyeux que les faucons et les chevaux ; car, en le possédant, il se vante de toutes les fiertés hu-

____

1. Sonnet 66.

maines [1]. Et comme il a raison, notre Shakespeare, prédisant à son ami qu'il aura dans ses vers un monument, quand seront détruites les couronnes et les tombes de cuivre des tyrans !

> And thou in this shalt find thy monument
> When tyrants' crests and tombs of brass are spent!

1. Sonnet 91.

CHAPITRE XVI

Il se peut, comme le dit Stévens, que *les Deux Gentilshommes de Vérone* (*Two gentlemen of Verona*) dérivent de *l'Arcadia*. Il est évident que Shakespeare, dans la composition de sa pièce, s'est inspiré d'un roman espagnol : *la Diane de Montemayor*, traduit en anglais vers l'an 1594, par Thomas Wilson et du poème *Héro et Léandre*, traduit en 1592 par Marlowe. Mais l'idée initiale doit être attribuée aux regrets laissés par l'Inconnue et aux remords de Southampton. Shakespeare portant au cœur une plaie deux fois saignante, éprouvait le besoin de raconter sa douleur avant d'en finir avec elle. Aimer, c'est acheter le dédain avec des larmes, d'hypocrites regards par des soupirs, la joie d'un instant par des nuits d'insomnie ; si vous êtes vainqueur, vous risquez d'être malheureux ; vaincu, vous souffrirez davantage. C'est la folie de la raison, c'est la raison domptée par la folie. Aimer, c'est se livrer au mal comme un mécontent, répéter cent fois le même mot d'amour comme un rouge-gorge, se promener solitaire comme un pestiféré, soupirer comme un écolier qui a égaré son ABC, pleurer comme une fillette qui vient d'enterrer sa grand'mère, jeuner comme un malade à la diète, veiller comme un avare, geindre comme un mendiant à la Toussaint[1]. Qu'importe ! il célébrera l'amour, puis il exposera les souffrances de l'amitié trahie. « Ami vulgaire, sans foi, sans amour, à la façon des amis de ce temps, tous hommes de trahison ! Tu as menti à mes espérances ! Je n'ai plus un seul ami vivant. A qui se fier, quand le bras droit est parjure au cœur. O Protée ! en détruisant ma confiance, tu me rends étranger à l'humanité. O temps maudit où de tous les ennemis, c'est un ami qui est le pire. » Et quand Valentin a pleuré ses larmes, il ouvre les bras à Protée, comme Shakespeare les a ouverts à Southampton. Et Protée murmure ce que Southampton n'a peut-être jamais murmuré : « Ma honte et mon crime me confondent. Pardonne-moi, Valentin. Si mes remords sont une rançon suffisante, je te l'offre. Ma souffrance est aussi grande que ma trahison ! »

Après l'amour pleuré, l'amour vengé ; après l'amour vengé, l'amour chanté. C'est d'Italie que viendra l'inspiration. Au milieu du xve siècle, Masaccio de Salerne[2] publie le *Novellino* où se

---

1. *Les deux Gentilshommes de Vérone.*

2. Philarète Charles possédait un livre de Masaccio, ayant appartenu au roi François Ier : « Voici, dit-il, la Salamandre dans les flammes, devise parlante de ce roi brillant qui a vécu comme un symbole, dans l'incendie, l'éclat et la peine ; voici son F couronné de l'ineffaçable dorure que les artistes loyaux de cette époque incrustaient sur le dos des livres. »

trouve le récit d'un certain Marietto, qui épouse en secret une jeune fille appelée Gianetta. Mariotto venge une injure par le meurtre et est banni de Sienne. Désireuse de retrouver son époux, Gianetta se fait passer pour morte, et ses funérailles célébrées, son nom inscrit sur un tombeau vide, elle part pour Mantoue, rejoindre le bien-aimé. Cependant Marietto, auquel est parvenue la nouvelle de la mort de sa femme, retourne à Sienne. Il est pris, exécuté. Sa tête exposée publiquement est le premier objet qui frappe Gianetta au retour. Elle tombe morte de saisissement. Luigi de Porto, qui vivait cent ans après, a-t-il lu le *Novellino* ? Il est permis de le supposer, bien que sa fable soit différente de celle de son devancier. Il conte l'inimitié de deux puissantes familles de Vérone, en ces termes empruntés à la traduction de Philarète Chasles :

Enfin cette inimitié est apaisée. Depuis quelque temps la guerre avait cessé entre les deux familles, lorsque Antoine Cappelletti, chef de l'une d'elles, vieillard aimable, somptueux, et qui se plaisait dans la magnificence, donna de grandes fêtes à ses amis. Elles duraient le jour et la nuit; toute la ville y accourait. Il advint, une nuit, que certain jeune homme de la famille adverse des Montecchi (suivant la coutume des amants dont l'âme et le corps ne peuvent quitter la trace de l'objet aimé) entra dans la maison des Cappelletti pour y suivre une dame qui lui était cruelle. Il était fort jeune encore, très beau, bien fait de sa personne et de manières accortes. Pour entrer dans le bal, il avait revêtu un élégant costume de femme, et tous les regards s'arrêtaient sur lui, tant à cause de sa grâce naturelle que par l'étonnement qu'inspirait à chacun son arrivée dans cette maison, et cela, pendant la nuit. Personne ne fut mieux frappé de sa présence que la fille unique et l'héritière des Cappelletti, jeune personne jolie, gracieuse et d'une vivacité naïve. A la vue du jeune homme, elle se sentit si émue que, lorsque leurs yeux se rencontrèrent, il lui sembla qu'elle avait cessé de s'appartenir. Pour lui, d'un air timidement réservé, il se tenait seul, dans un coin de la salle, comme un homme qu'un sentiment secret préoccupe. La jeune fille en était affligée; elle entendit dire qu'il était malade et qu'il dansait très bien. Le souper fini, on commença cette danse en usage parmi nous et qui termine tous les bals. Les danseurs forment une ronde; chaque cavalier change de dame et chaque dame de cavalier suivant leur bon plaisir. Il arriva qu'un jeune gentilhomme nommé Marcuccio, se trouva placé près de la jeune Cappelletti, sa cousine; ce jeune homme, par une singularité naturelle, avait les mains froides comme glace pendant l'année entière, au mois de juin comme au mois de janvier. Peu après le jeune Roméo (c'était le nom du jeune Montecchi) changea de place, saisit la main de la belle jeune fille, et comme sans doute elle avait le désir de l'entendre parler elle lui dit :

— Soyez le bienvenu près de moi, messire Roméo! du moins vous tiendrez ma main gauche sans la glacer, comme fait mon cousin Marcuccio, qui rend ma main droite toute froide.

Ces paroles enhardirent Roméo, qui répondit:

— Oh! Madame! Si ma main réchauffe votre main, vos beaux yeux enflammeront mon cœur!

La dame ne pouvait s'empêcher de sourire; mais, craignant qu'on la vît causer avec l'ennemi de sa maison, s'empressa de répondre :

— Je vous jure, ma foi, Roméo, qu'il n'y a pas ici une dame qui semble si belle que vous à mes yeux!

Et le jeune homme tout transporté reprit :

— Si vous le permettez, je serai toujours le serviteur de votre beauté.

Les hostilités renaissent entre les familles. Roméo, voulant épouser Juliette, s'adresse au frère Lorenzo, qui consent à les marier. Le mariage accompli, Roméo tue un parent de Juliette et est exilé de Vérone. Roméo parti, le père de Juliette veut la marier. Afin d'échapper à sa tyrannie sans avouer son union, elle demande conseil au frère qui lui fait boire un narcotique. De retour, Roméo se tue sur le corps de Juliette qui se réveille et meurt à son tour.

Luigi de Porto mourut en 1529. Sa nouvelle ne fut imprimée à Venise qu'en 1535, c'est-à-dire six ans après sa mort, sous le titre de *la Giuletta*. Il existe une seconde édition de 1539 et une troisième de 1553, sans nom d'auteur et intitulée : *Historia nuovamente ritrovata di due nobili Amanti, con la loro pietosa morte : intervenuta gia nella città di Verona, nell tempo del signor Bartolomeo della scala. Movamente Stampata.*

Reprise par un troisième conteur italien, Giraldi Cinthio, l'histoire est traduite en français par Pierre Bostuau, retraduite du français en anglais par Arthur Brookes, qui la publie sous forme de poème, en un in-octavo portant la date de 1562 et intitulée : *The tragicall historie of Romeo and Juliet*, lequel in-octovo est réimprimé en 1587 sous le même titre et avec l'adjonction suivante : « Ce livre contient un rare exemple de véritable constance avec les couseils subtils et les pratiques d'un vieux frère, et leur triste dénouement[1]. »

1. Containig in it a rare Exemple of true CONSTANCIE; with the subtil Counsels and Practises of and old Fryer ; and their ill Event.
　　Et en épigraphe :
　　　　Res est solliciti plena timoris amor.
　　A la fin du poème se trouve l'indication suivante : *Imprinted*

Les confrères s'emparent du poème et le dévorent. Dans une collection de poèmes intitulée : *Une merveilleuse galerie de galantes inventions* [1] datant de 1578, nous trouvons ce vers :

> Sir Romeus annoy but triste seems to mine

Nous rencontrons encore les noms de Roméo et de Juliette dans un volume datant de 1576 : *A poor Knight his Palace of private Pleasure*. Enfin Shakespeare prend connaissance de la fable et la médite.

Il chante la jeunesse et l'amour, en même temps que Lope de Vega, s'inspirant du même sujet, les chantera en Espagne. S'il jette en pâture au parterre les lazzis du clown et les billevesées de la nourrice, c'est pour s'alléger et s'élever à des hauteurs jamais atteintes. Jamais beauté ne fut plus rayonnante que celle de la douce Juliette. Jamais plus riche joyau ne fut suspendu à l'oreille d'une Ethiopienne. Jamais cygne n'apparut plus blanc dans une troupe de corneilles. Jamais yeux substitués aux étoiles n'ont autant fait pâlir la clarté des astres. Galopez, coursiers aux pieds de feu, vers la retraite de Phébus ; un conducteur comme Phébus vous aurait déjà lancé dans l'ouest. Ombres faites pour l'amour, étendez vos rideaux. Viens, Nuit, matrone noire, une partie va se jouer dont l'enjeu

at London in Fleete Strete Within Temple bar, at the signe of the hand and starre, by Richard Tottill, the XIX day of November, An. do. 1562.

1. A. Gorgeous Gallery of Gallant Inventions.

sera deux virginités sans tache. Viens, viens donc, ô nuit, que Roméo vole dans les bras de sa Juliette ! et si Roméo devait mourir, ô nuit ! fais-en des étoiles. Enivrez-vous, tendres amants, en dépit des alouettes et des lueurs jalouses qui dentellent les étoiles à l'Orient. Tout à l'heure, ô Roméo, la mort sucera le miel de l'haleine de Juliette, et sur son corps développera son pâle drapeau. Quand, tes lèvres à ses lèvres, tu auras scellé le pacte indéfini avec le sépulcre accapareur, réveillée, elle te rejoindra dans l'éternité des nuits d'amour.

L'égoïste ! il a tout bu ! *O Churl! drink all!* et son beau corps servira de fourreau à ton poignard.

Shakespeare connaît la gloire ! l'Angleterre le consacre. La reine Élisabeth sait par cœur des passages de l'œuvre nouvelle. Les femmes s'habillent à la Juliette et murmurent à leurs amants des paroles empruntées à l'héroïne du jour, tandis que les jeunes gens à la mode portent le poignard « à la Burbadge ». L'Inconnue a-t-elle le regret du poète qui a si bien dit l'amour ? L'ombre de Marlowe s'est-elle levée pour saluer une réminiscence de son *Edouard II : Gallop apace, bright Phœbus!* Southampton se décidera-t-il à s'attacher par des liens éternels ? Essex comptera-t-il les années qui séparent la reine de la fille des Capulet ? Qu'importent les mystères ! Shakespeare entre dans l'immortalité, et celui qui ose le lui prédire n'est autre que François Bacon !

Quel François Bacon ?

Le fils de Nicolas Bacon, ancien Garde des Sceaux, ex-membre du Conseil privé de la reine. Le François Bacon qui, présenté tout jeune à la reine Elisabeth, répondit, comme elle lui demandait son âge : « Juste deux mois de moins que le règne heureux de Votre Majesté. » L'ex-élève de l'Université de Cambridge qui, à seize ans, écrivait un volume sur la futilité de la philosophie d'Aristote et, ayant eu l'occasion de voyager en France à la suite de l'ambassadeur Powlet, publia, à dix-neuf ans, une étude approfondie sur l'état de l'Europe. Ils s'étaient connus par l'intermédiaire du comte d'Essex, désireux de mettre en rapport le comédien et le politique, l'auteur dramatique et le philosophe. D'autant plus qu'entre eux existait un point de contact : la poésie.

Et de leur intimité, de la conformité de leurs vues, devait naître une des légendes les plus invraisemblables de l'histoire littéraire.

Certains auteurs se sont efforcés de prouver que Shakespeare n'aurait été que le prête-nom du chancelier fameux. Vers le milieu du xviiie siècle, Horace Walpole, dans les *Doutes historiques*, pose la question de savoir si Shakespeare est bien l'auteur des pièces qui portent son nom. En 1856, une Américaine, Mrs. Délia Bacon, propose de substituer définitivement Bacon à Shakespeare. En 1859, un M. Henri Smith soutient la même thèse dans un livre qui aurait, dit-on, convaincu lord Palmerston. Quatre ans auparavant s'était fondée à Londres une Société (*Baconian Society*), dans le but de rechercher si Bacon était vraiment l'auteur des pièces et des poésies signées : Shakespeare. Plus tard, c'est un Américain, M. Ignatius Donnelly, ancien membre du Congrès, ancien sénateur du Minnesota, qui se met de la partie avec des arguments si peu solides que nous ne croyons pas devoir les reproduire. Enfin, en 1867, à Northumberland-House, on découvre deux cartons dont l'un renferme un manuscrit brûlé en partie et de la main de Bacon. Sur la feuille extérieure de ce manuscrit, on lit : le titre de la Conférence sur le Plaisir avec le nom de Bacon ; le titre de deux pièces de Shakespeare, *Richard II* et *Richard III*, ainsi que ceux de deux poèmes ; un vers du poème de *Lucrèce*, un mot de basse latinité, rapporté par Ducange et cité par le bouffon Costard dans *Peines d'amour perdues : honorificabilitudino ;* le titre d'une pièce de Thomas Nash, l'*Ile des Chiens*. Et l'on en tire cette conclusion que Shakespeare n'est décidément que l'homme de paille de Bacon. Enfin le document sur lequel on s'appuie le plus volontiers est la lettre d'un nommé sir Tobias Matthew, qui écrivant à Bacon pour le remercier de l'envoi d'un de ses livres, ajoute en post-scriptum : « L'esprit le plus prodigieux que j'aie trouvé dans ma nation et de ce côté de la mer porte bien le nom de V. S., *quoique connu sous un autre nom.*

Nous n'avons cité ce fait que pour mémoire.

CHAPITRE XVII

Shakespeare était assis devant sa table, plongé dans la lecture, quand un homme entra, d'une vingtaine d'années, aux formes athlétiques, avec une face énorme, une mâchoire vigoureuse, des yeux profonds et un cou de taureau. La peau avait été de bonne heure couturée par le scorbut. Il respirait l'énergie, l'orgueil et l'amour des luttes.

— Mr. Shakespeare, commença-t-il, je ne vous suis peut-être pas inconnu? Je me nomme Benjamin Jonson.

— L'auteur de *Chaque homme a son humeur*[1] ?

— Jouée il y a quelques mois à la Rose.

— Et avec succès, m'a-t-on dit. Les exigences de mon état me retiennent dans mon cabinet ou au *Globe*; ne m'en veuillez pas si je n'ai pu vous applaudir. Vous êtes tout jeune?

— Vingt et un ans.

— N'avez-vous pas été dans les Flandres ?

— C'est un épisode de mon existence. Je n'ai jamais connu mon père. Ma mère ayant senti le besoin de se remarier après deux ans de veuvage, épousa un maître maçon qui me prodiguait plus

---

1. Every man in his humour.

volontiers les coups que les caresses. J'avais quatorze ans, lorsqu'un protecteur eut la charité de me retirer de l'école où m'avait mis mon beaupère, pour me placer à Westminster, et plus tard à Cambridge, au collège S‘. John. Un beau jour le protecteur cessa de s'occuper de moi. Nouvelles tribulations. Me voilà obligé de quitter S‘. John. Mon beau-père me laisse entendre qu'il me faudra désormais sacrifier Horace à la truelle et veut m'embaucher parmi des ouvriers qui, dans Lincoln's-Inn, travaillaient à la construction d'une maison. J'envoie la maçonnerie au diable; je pars pour l'armée des Flandres, où j'ai l'occasion de me signaler dans un corps à corps avec un soldat ennemi. L'avenir était à moi. Mais le champ de bataille n'est pas beaucoup plus favorable à l'étude que l'échafaudage. Je quitte les Flandres, je retourne à Londres, n'ayant pour tout bien que ma réputation de soldat, quelques mots d'allemand et une bourse vide...

— C'était peu.

— Ce n'était pas assez, Mr. Shakespeare. Mon maçon de beau-père me reçut, vous pensez comme. Cependant il avait déniché une demoiselle embarrassée de sa personne, et voilà qu'il me la propose, vantant ses charmes et sa dot. J'avoue que la dot était tentante.

— Et vous avez résisté ?

— J'ai sur le mariage des idées personnelles. Si une femme a de la beauté, de la jeunesse, de la sève, ce sont là sucreries pour les mouches. Pourpoints jaunes et nœuds de rubans en forme de rose seront bientôt chez vous. Si elle est laide et bossue, c'est elle qui ira les trouver et paiera les rubans en forme de rose et les pourpoints jaunes. Si elle est pauvre, c'est une charge ; si elle est riche, elle règnera dans votre maison plus impérieuse qu'une veuve. Si elle est de bas étage, gare les coups. Si elle est noble, gare les parents. Est-elle stérile ? sa mauvaise humeur sera constante. Féconde ? j'entrevois une procession de sages-femmes et de docteurs. Ignorante ? elle devient un perpétuel bâillement. Savante ? la voilà transformée en perruche, et son patrimoine sera insuffisant à nourrir les convives parlant grec ou latin. Aimez-vous votre femme ? vous ne l'approcherez que suivant son bon plaisir. Elle voudra être servie dans l'argenterie ; elle aura des antichambres pleines de grooms, de valets et d'écuyers, auxquels il faudra ajouter les brodeuses, les joailliers, les couturières, les lingères, les plumassières, les parfumeurs, sans qu'elle comprenne jamais comment il se fait que les terres qu'elle a apportées décroissent en étendue et que les acres fondent comme du beurre. Ne l'aimez-vous pas ? c'est une torture de toutes les nuits, de tous les jours, de toutes les heures. Enfin il peut arriver que vous tombiez sur une femme politique, au courant des nouvelles de Salisbury ou de Bath, et qui, emportée par sa faconde, confondera chaque semaine Robert Greene avec Shakespeare !

Shakespeare n'avait point à relever le compliment; mais il ne pouvait s'empêcher de sourire devant la faconde de son interlocuteur.

— Bref, vous avez refusé la belle ?

— J'aimerais mieux jeûner toute la vie dans Cole-Narbour [1], ou fonder une entreprise de plats à barbe pour les entremetteuses en charrette [2].

— Alors ?

— J'ai songé au théâtre, le suprême refuge des malheureux, des fous et des hommes de génie.

— Croyez-vous que le théâtre vaille mieux que la maçonnerie ?

— Mr. Shakespeare, je connais un homme qui est un chef-d'œuvre d'originalité. Ne pouvant supporter aucun bruit, il a sur la tête un énorme turban composé de bonnets de nuit qui lui descendent jusqu'aux oreilles. Il a fait un traité avec les marchandes de poissons et d'oranges, les ramoneurs et les balayeurs, les armuriers et les chaudronniers, pour qu'ils habitent à une certaine distance de sa paroisse. Une fois, dans une bataille, un jour de carnaval, il a voulu faire pendre un apprenti, sous prétexte qu'il apprenait le métier de potier d'étain. Les veilleurs de la Cité reçoivent une pension de lui pour ne pas s'approcher de son quartier. Il a choisi, pour y loger, une rue tellement étroite aux deux extrémités,

1. Bâtiment situé près de la Tamise, et que le comte de Shrewsbury convertit, à la fin du xvi* siècle, en petits logements pour le peuple. L'endroit servait d'asile aux débiteurs.

2. La coutume était d'accompagner les entremetteuses condamnées que l'on promenait en charrette, avec un charivari consistant à frapper sur des plats à barbe.

que ni les carrosses, ni les charrettes ne peuvent y passer. Un jour, un montreur d'ours s'y étant aventuré, suivi des chiens de quatre paroisses, il en sortit la tête en sang. Le lendemain, un maître d'armes qui se rendait à son théâtre eut son tambour crevé de part en part. Jadis, pour éviter le son des cloches, il sortait de la ville à dix heures et tous les soirs des jours fériés. Eh bien, Mr. Shakespeare, la haine de mon individu pour le bruit n'est rien à côté de la mienne pour la construction.

— Oui, reprit Shakespeare, mais le théâtre ! La difficulté d'y arriver, les envieux ! la concurrence ! la calomnie !

— On m'a déjà dit tout cela, et j'y ai réfléchi. On se place assez haut pour que les coups de la malignité ne puissent pas vous atteindre ; on se moque des injures, et on laisse le soin de sa vengeance à la conscience bourrelée de ses ennemis. Je ris à l'avance du peu de succès de leurs malices, quand, après avoir prodigué des paroles sulfureuses, lancé des foudres de leur bouche chargée de tempêtes, ils ne laisseront autour d'eux que la fumée nauséabonde d'une décharge inutile !

— Tout le monde ne pense pas ainsi ! Certains vous croient frappé parce que vous avez laissé leurs libelles sans réponse.

— On les laisse croire ! Je leur permettrai de se tromper toujours de la sorte. Semblables aux chiens du jardin des Ours qui enfournent dans leurs gosiers avides toutes les tripes qu'on leur jette, je les gaverai de vieux os, et, tranquille, j'assisterai au festin des bêtes fauves.

Shakespeare ne put retenir un geste d'étonnement. Tant de crânerie chez un jeune homme était faite pour l'intéresser.

— Qu'avez-vous écrit outre votre comédie de la Rose ?

— J'ai collaboré anonymement à quelques pièces dans lesquelles j'ai cherché à éviter la grâce enguirlandée de Lyly et la brutalité de Marlowe. Je poursuis deux buts : dans la tragédie, évoquer mes souvenirs classiques, qui sont nombreux, bien que ma vie, je vous l'ai déjà dit, ait été accidentée et tailladée dans tous les sens ; dans la comédie, faire jaillir en relief les bizarreries des caractères. Je vais pour cela de ma bibliothèque à la rue, et de la rue à la taverne. Quant à la Rose, puisque vous m'en parlez, elle est mal achalandée. Les acteurs y sont médiocres. Ils n'ont rendu que la moitié de ma pensée. Je voudrais que ma comédie fût jouée au Globe. J'en vois d'ici la distribution : William Shakespeare, Auguste Philips, Condel, Slye, Kempe, Burbadge, Heminge, Pope, Beeston et John Duke ! Je ne vous cacherai pas que je me suis inspiré des classiques latins ; mais j'ai repris la pièce et transporté en Angleterre la scène qui se passait en Italie. Seulement j'ai conservé l'unité de temps.

— Par esprit d'opposition, ou par principe ? demanda Shakespeare.

— Par principe, vous m'en voulez ?

— Les hommes discuteront toujours sur la formule du beau, et souhaitons qu'ils ne s'entendent jamais. Ce que vous semblez reprocher à certains, on me l'a reproché à moi-même. Cela tient à ce que la pensée du poète ne se dégage pas du premier coup de ses œuvres. Croyez-moi, j'ai pu, dans les commencements, m'arrêter aux subtilités des écoles. Aujourd'hui je ne puiserai plus à d'autres sources qu'à celles de la destinée et de la Nature. De la nature surtout ! Océan d'inspirations et de vérités. Tenez, en voulez-vous un exemple ? Ecoutez.

Il prit le livre qui se trouvait devant lui.

— Connaissez-vous l'historien Holinshed ? il raconte comment Jean a détrôné Arthur Plantagenet. De son récit, j'ai tiré une tragédie que je donnerai prochainement au Globe : *Le Roi Jean*. Cette tragédie contient une scène que j'ai recommencée plus de dix fois : celle où un certain Hubert doit brûler les yeux de son ami d'enfance, Arthur de Bretagne. La difficulté était de donner à la victime désignée une tendresse capable de désarmer son bourreau. Après dix retouches, voici comment je la fais parler : « Quand vous souffriez de la tête, j'ai noué autour de votre front mon plus beau mouchoir, celui qu'une princesse avait brodé pour moi, et je ne vous l'ai jamais redemandé. La nuit, je tenais votre tête dans ma main en veillant sur vous comme la minute sur l'heure. Je ne cessais de vous abréger le temps. Que voulez-vous ? Où est le mal ? Que puis-je faire pour vous soulager ? Bien des fils de pauvres gens seraient demeurés tranquilles. Pour garde-malade, vous avez eu un prince ! » Vous le voyez, pas d'emphase, pas de lyrisme. Et le dialogue portera. Pourquoi ? J'avais un enfant de douze ans, qui s'appelait Hamnet. Il est mort il y a deux mois.

Ben Jonson resta pensif. Shakespeare ramena la conversation à son véritable but. Jonson avait fait lire sa pièce à Burbadge, qui hésitait. L'autorité de Shakespeare pouvait l'imposer ; c'est à cette autorité qu'il faisait appel.

Shakespeare promit de ne rien négliger pour lui être agréable, et Jonson répondit à la promesse par un grand éclat de rire. Il n'en demandait pas plus. Un instant solliciteur, il redevenait suffisant, exubérant, hilare. Il critiqua les confrères, fit la satire des gens de son quartier et n'épargna pas les hommes en place. Debout pour prendre congé, il lança une dernière boutade :

— En vérité, des policiers m'ont suivi afin de se rendre compte si je conspirais. Je les ai poliment priés de monter chez moi et leur ai montré mes notes. Celle-ci, Monsieur, est pour me faire souvenir qu'un rat a rongé le cuir de mes éperons ; cette autre pour témoigner que j'ai brisé un cure-dent dans une conversation avec un marchand hollandais sur une raison d'Etat ; cette autre... Ah ! Cette autre est plus importante. Elle affirme que, l'an dernier, deux cardinaux romains ont uriné contre l'Eglise S^t. Marc !

Et il disparut en se tenant les côtes.

CHAPITRE XVIII

Le besoin de s'instruire, de produire et de satisfaire aux exigences du métier de comédien n'absorbait pas notre poète au point qu'il oubliât Stratford-sur-Avon. Si Londres lui faisait négliger sa femme Anne, qui atteignait la quarantaine et avec laquelle il n'avait jamais, d'ailleurs, beaucoup sympathisé ; il se souvenait de sa fille aînée, Suzanne, qui entrait dans sa treizième année, de son autre fille Judith, qui comptait onze ans. Un autre sentiment l'amenait de temps en temps dans le Warwickhire : l'envie de s'assurer si rien n'y était changé et s'il lui serait possible d'y finir ses jours avec toutes les illusions de la jeunesse. Evidemment l'absence paraissait longue à ceux qu'il laissait au retour ; tout porte à croire qu'il les raisonnait. Obligé de partager sa vie entre le travail et le plaisir, de tenir tête aux rivaux, une famille eût été un empêchement. Ajoutons qu'il lui fallait entretenir l'intimité de personnages comme Essex et Southampton, au milieu desquels la fille de M. Hataway eût probablement fait assez mauvaise figure.

Aussi bien le succès n'est-il pas absorbant ? A celui du *Second Hamlet* vient s'ajouter celui du *Roi Jean*. C'est le commencement d'une nouvelle série. L'absence du gracieux Southampton, retenu en province par des amours faciles, celle d'Essex, en route pour Cadix où il se couvrira de gloire, a ramené Shakespeare vers les études sérieuses, et il est tout à l'histoire. Peut-être obéit-il aussi à l'influence de François Bacon. Il reprend Holinshed et écrit *Richard II*. Il lit Thomas Morus et écrit *Richard III*, déjà mis plusieurs fois à la scène, entre autres à Cambridge, en l'an 1590. Dans la même année, il fait encore représenter la *Première Partie d'Henri IV*. Après la révolution contre la royauté, la royauté contre la révolution. Et comme il faut une figure pour illuminer le drame, il invente, ou plutôt il ressuscite Falstaff.

A propos de Falstaff, François-Victor Hugo a donné de curieux détails; mais comme ils sont empruntés aux notes de l'édition de Shakespeare, dite de Tourneisen (1801), c'est à ces notes que nous irons.

La première a trait au passage où Falstaff dit au prince Henri : « Par le Seigneur, tu parles vrai, jeune homme. Et l'hôtesse de cette taverne n'est-elle pas une douce créature ? » Le prince répond : « Aussi douce que le miel de l'Hybla, mon vieux garçon d'hôtel. *My old lad of the Castle.* »

A ce propos, Rowe a remarqué que, dans la première version du rôle, au lieu de Falstaff, le compagnon du prince Henri s'appelait Oldcastle, d'où le calembourg *my old lad of the Castle*. Théobald insiste, observant que, s'il en avait été autrement, dans l'épilogue de la *Seconde Partie d'Henri IV*, Shakespeare n'aurait pas eu raison de dire : « Si vous n'êtes pas trop écœurés de viande « grasse, votre humble auteur continuera cette « histoire, où doit encore figurer Mr. John et vous « fera rire avec la belle Catherine de France. Là, « autant que je puis le savoir, Falstaff mourra « *d'une sueur rentrée, à moins que vous ne l'ayez* « *immolé déjà à une cruelle méprise ; car Oldcastle* « *est mort martyr, et celui-ci n'est point le même* « *homme. For Oldcastle died a martyr, and this is* « *not the man.* » Et Théobald ajoute : « J'ai lu une nouvelle pièce intitulée : *The famous Victories of Henry the First, containing the honorable battle of Azincourt.* L'action débute dans la quatorzième année du règne d'Henri IV et finit par le mariage d'Henri V épousant Catherine de France. La scène commence avec les vols du prince Henri. Sir John Oldcastle est un de ses complices, avec Ned Godshill, deux autres vauriens. J'en déduis que Shakespeare se serait inspiré de la pièce en question, jusqu'à ce que quelque descendant de la famille des Oldcastle ait prié la reine Elisabeth de faire supprimer le nom. »

Qu'était donc cet Oldcastle ? Warburton va nous le dire : un martyr de ses opinions religieuses, que les prêtres firent brûler en place publique. Warburton croit devoir excuser Shakespeare de crainte qu'on ne l'accuse de malice ou de mauvais goût. La peine était inutile. Aussitôt que notre poète sut quel souvenir rappelait ce nom d'Oldcastle, il en chercha un autre et trouva dans les chroniques un chevalier né vers 1477, mort en 1559, contemporain des rois Richard II, Henri IV, Henri V et Henri VI, dégradé par le chapitre de l'ordre de la Jarretière pour s'être sauvé pendant la bataille de Patay et qui se nommait John Falstoff. De Falstoff il fit Falstaff.

Si nous avons insisté sur ce sujet, c'est moins pour remonter aux origines d'un nom que pour montrer à quel point Shakespeare avait le respect de l'histoire. Quant aux démarches que des descendants d'Oldcastle auraient faites auprès de le reine, ce n'est qu'une supposition de la part de Théobald. Nous aimons mieux croire que Shakespeare, averti par des amis, obéit spontanément à son amour pour la justice et la vérité.

La *Seconde Partie d'Henri IV* a-t-elle succédé à la première, ou les deux pièces ont-elles été écrites d'un même trait ? Apton pense que les deux pièces sont improprement appelées la *Première et la Seconde Partie d'Henri IV* et, d'après leur économie, estime qu'il n'y a là qu'une seule et même pièce, coupée en deux, vu sa longueur. Johnson est de l'avis d'Apton. Ce qui me laisse supposer que les deux commentateurs peuvent avoir raison, c'est que Meres, dans son *Trésor de l'esprit*, publié en septembre 1598, donnant une liste des pièces de notre auteur, cite *Henri IV* sans faire de distinction entre les parties.

En Allemagne, quelques critiques ont été formulées à propos de la compagnie fréquentée par le prince Henri. Elles lui pardonnent Falstaff, mais accusent Shakespeare d'avoir un peu exagéré en l'associant à Poins, à Rodolphe, à Pistolet et à Peto. « Dans quels lieux, s'écrient les plus sévères, s'oubliait donc ce prince pour y rencontrer semblables canailles ! » D'abord, ce lieu, Shakespeare nous l'indique, c'est la Taverne de la Hure dans East-Cheap. Ensuite, jusqu'au XVIIIe siècle, Londres fut le rendez-vous de tous les chenapans, et si East-Cheap était leur quartier favori, ils ne se gênaient pas pour établir domicile dans Chepsyde, Helbourne, Temple Bar, voire même aux alentours de Westminster. Nous avons pensé qu'il serait intéressant de ressusciter quelques minutes les malandrins du XVIe siècle, tels que les a connus Shakespeare. La besogne nous a été facile. L'assassin, le voleur, le vagabond, tenaient alors une si grande place à Londres, qu'ils ont eu non seulement les honneurs du livre, mais que les auteurs du temps nous ont conservé leur appellation, leurs mœurs et jusqu'à leur argot. Lisez John Awdeley[1]. Un *Abraham man* est celui qui mendie bras et jambes nus, simule la folie et s'intitule « pauvre Tom ». Le *Ruffeler* se promène avec une arme, raconte ses prouesses de guerre, et son métier consiste à dévaliser les voyageurs et les marchands. Le *Prygman* s'appuie nonchalamment sur une canne. Sa spécialité est le vol à l'étalage. Le *Whipiacke*, muni d'une fausse licence, mendie comme un ancien matelot et fait main basse sur les objets

---

1. *The Fraternitye of vacabondes.*

exposés dans les foires. Le *Frater* sollicite dans les hôpitaux et dépouille les femmes qui se rendent au marché. Le *Quire Bird* est un relaxé, qui, sous prétexte de chercher de l'ouvrage, vole les chevaux à l'attache. Le *Upright man* voyage avec un bâton de pèlerin appelé *Filtchman* et a une telle autorité sur ses confrères qu'il peut leur demander ce qu'ils ont sur eux. *Le Curtall* est un Upright possédant moins d'autorité. *L'Irishe Toyle* porte sa marchandise dans une besace : dentelles, épingles, etc., etc., et refait les servantes et les enfants. Le *Jack-Man* lit, écrit, quelquefois parle le latin et confectionne de fausses licences ; le *Washman* se contente de mendier; la *Kitchen Mortes* est la compagne habituelle du *Upright*. La *Doxie* vend des dentelles et des cordons de chemise, etc., etc.

Ce monde, nous l'avons dit, a son argot. *Eyes* se transforme en *Glasyers*, *Mouth* en *Gan*, *Shooes* en *Hampers*, *Penny* en *Vyn*, *Bread* en *Pannam*, *House* en *Ken*, *Door* en *Gygger*, etc., etc.

Voulez-vous entendre une conversation entre un Uprishtman et un Roge?

— « Bene Lightmans to thy quarromes, in what lipker hast thou lypped in this darkemans, wheter in a lybbege or in the strummel?

— « I couched a Nogshead in a skypperthis dorkemans.

— « I towre the strummel trine upon thy nabchet and Togman.

— « I Saye by the Salomon I will loge it of with

a gage of benehouse: then cut to my noste watch[1]. »
Etc., etc.

Avant de terminer avec *Henri IV*, il importe de réfuter les commentateurs, qui ont cru voir, dans le changement du nom d'Oldcastle en celui de Falstaff, une flatterie à l'égard des puritains. Nous avons montré Shakespeare réhabilitant les sylphes et les fées dans le *Songe d'une nuit d'été*; nous avons vu quelle sympathie l'unissait à Marlowe soupçonnée d'athéisme, et il est permis de supposer l'écœurement que lui procura l'infâme trahison de Robert Greene; nous l'avons trouvé plus d'une fois en compagnie du comte d'Essex, dont les tendances n'étaient rien moins que puritaines, et de Southampton, pour qui les questions d'Église n'avaient qu'un intérêt relatif. Un homme dont l'esprit n'eût pas été enclin au plus parfait libéralisme eût-il fréquenté de la sorte ? Aussi bien, si un doute devait exister, voilà qui l'enlèverait.

---

1. — « Bonjour à ton corps, dans quelle maison as-tu passé la nuit ? dans un lit ou sur la paille ?

— « Je me suis couché dans une grange.

— « En effet, il y a encore de la paille à ton chapeau et à ton vêtement.

— « Je jure par la messe que je me rincerais bien avec un quart de bonne boisson ; qu'est-ce qui te ferait plaisir ? »

Etc., etc.

CHAPITRE XIX

A Tanjore, au fond de l'Inde, un officier de la Marine anglaise trouvait, dans le courant du xvᵉ siècle, un manuscrit où il est question d'un Juif consentant à prêter une certaine somme, à la condition qu'en cas de non-paiement il prendrait, à la place de la somme, une livre de la chair de son débiteur. Le manuscrit remontait au xiiᵉ siècle. Si l'on parcourt les principales œuvres publiées dans le courant du xiiiᵉ siècle, on met la main sur les *Gesta Romanorum* d'un inconnu dans lesquels l'histoire est citée avec des amplifications. Au xivᵉ siècle, un auteur italien, Giovanni Fiorentino, la reprend et l'amplifie encore. Cela fait, elle est traduite en anglais par Johnson, qui l'épitomise. La version n'en a jamais été donnée en France. Publions-là.

DU PÉCORONE

De Giovanni Fiorentino qui l'écrivit en 1378

« A Florence vivait un marchand qui se nommait Bindo. Il était très riche et avait trois fils. Sentant venir la mort, il appela les deux aînés qu'il fit ses héritiers, et au plus jeune il ne laissa rien. Ce dernier, qui s'appelait Gianetto, vint alors trouver son père et lui dit : « O mon père ! Qu'avez-vous fait ! » Le père répondit : « Cher Gianetto, tu es l'enfant pour lequel je fais les vœux les plus chers. Pars pour Venise, et rejoins ton grand-père Ansaldo. Il n'a pas d'enfant et m'a souvent exprimé par lettre le désir de te voir. Parmi les chrétiens, c'est le plus fameux marchand. Si tu te conduis bien, tu deviendras riche. » Le fils répondit qu'il était prêt à obéir. Le père lui donna sa bénédiction et mourut.

« Gianetto alla donc trouver Ansaldo et lui présenta une lettre que le père avait écrite quelques instants avant de rendre le dernier soupir. A sa lecture, Ansaldo s'écria : « Sois le bienvenu et dans mes bras ! » Puis il lui demanda des nouvelles de son père. Gianetto répondit : « Il est mort. » — « Je suis très peiné, répliqua Ansaldo, de la mort de Bindo. Mais la joie que j'éprouve à te voir compensera mon chagrin. » Il le conduisit dans sa maison, ordonna aux serviteurs d'obéir à Gianetto comme à lui-même. Puis il lui confia les clefs et lui offrit de l'argent en disant : « Enfant, prodigue cet argent, aie table ouverte, et souviens-toi que plus tu te feras d'amis, plus tu me seras cher. »

« Gianetto commença par donner des divertissements. Il se montra plus obéissant et courtois, envers Ansaldo que si ce dernier avait été cent fois son père. A Venise, tout le monde l'adora. Ansaldo ne voyait que par ses yeux, tellement il plaisait par ses bonnes manières.

« Il advint que deux amis intimes de Gianetto, devant se rendre à Alexandrie avec deux navires, lui demandèrent s'il consentirait à voyager et à voir du pays. « Volontiers, répondit celui-ci, si mon père Ansaldo m'en donne l'autorisation. » Les compagnons allèrent trouver le vieillard et sollicitèrent la permission d'emmener Gianetto avec eux au printemps. Ansaldo fit immédiatement l'acquisition d'un beau navire, le chargea de marchandises, l'orna de drapeaux et l'arma. Cela fait, il donna au capitaine et aux matelots l'ordre d'exécuter tout ce que leur commanderait Gianetto. Quelques jours après, un matin, Gianetto ayant aperçu un golfe et un port, en demanda les noms au capitaine. « Cette place, répondit le capitaine, appartient à une dame veuve qui a ruiné beaucoup de gentilshommes. » — « De quelle manière ? » — Quiconque débarque là doit partager sa couche. Si elle y trouve du plaisir, elle l'épousera, et il deviendra le seigneur de la contrée ; au cas contraire, il perd tout ce qu'il aura apporté avec lui. » Après une courte réflexion, Gianetto dit au capitaine d'aborder. Ce qu'ils firent si adroitement que les autres marins ne s'en aperçurent pas.

« La dame, bientôt informée de ce qui se passait, envoya chercher Gianetto, qui vint immédiatement. Le prenant par la main, elle lui demanda qui il était, comment il se nommait et s'il connaissait la coutume de la contrée. Il répondit que sans cela l'idée ne lui serait pas venue d'aborder. La dame

lui fit grand honneur et invita un grand nombre
de barons, de comtes, de chevaliers, ses sujets,
pour lui tenir compagnie. Tous furent saisis de
l'urbanité et des belles manières de Gianetto, et
tous souhaitèrent de l'avoir pour seigneur.

« La nuit descendue, la dame fit observer que
l'heure était venue de partager sa couche. Gianetto répondit qu'il se tenait entièrement à sa
disposition, et deux demoiselles parurent, portant
du vin et des douceurs. La dame lui ayant conseillé de goûter au vin, il but sans se douter qu'il
contenait un soporifique. Il se coucha, tomba
dans un profond sommeil dont il ne sortit que le
lendemain, tandis que la dame, éveillée avec l'aurore, donnait l'ordre de piller le navire contenant
les riches marchandises. A neuf heures, des servantes s'approchèrent de Gianetto et lui dirent de
se lever, car son navire était perdu. La dame lui
donna un cheval et de l'argent, et Gianetto rempli
de mélancolie partit pour Venise. Une fois arrivé, la
honte l'empêchant de reparaître chez lui, il profita
de l'obscurité pour se rendre chez un ami, qui,
surpris de le voir, l'interrogea sur le motif de son
retour. Il répondit que son navire avait échoué
contre un rocher. L'ami se rendit chez Ansaldo,
qu'il trouva inquiet. « Je crains, dit Ansaldo, que
mon petit-fils soit mort. » L'ami lui raconta qu'il
avait fait naufrage, qu'il avait perdu tous ses biens,
mais qu'il était sauvé. Ansaldo se leva et courut
le rejoindre. « Mon cher enfant, s'écria-t-il, ne
redoute aucun mécontentement de ma part ; c'est

un accident qui arrive tous les jours. » Puis, le ramenant au logis, il lui recommanda, le long du chemin, de reprendre un air gai.

« La nouvelle s'étant répandue à Venise, ce fut à qui s'intéresserait à Gianetto. Quelque temps après, ses amis revinrent d'Alexandrie avec de grandes richesses, s'informèrent de leur compagnon, et apprenant son aventure, coururent le voir, enchantés de l'heureux dénouement du naufrage. Ils lui affirmèrent que, le printemps prochain, il pourrait regagner tout ce qu'il avait perdu. Or Gianetto n'avait plus qu'une seule pensée : retourner auprès de la belle, l'épouser ou mourir. Lorsque Ansaldo le suppliait de ne point être triste, il répondait qu'il ne reprendrait sa gaieté qu'après avoir entrepris un autre voyage. Ansaldo se décida à fréter un navire contenant plus de richesses encore que le premier. Gianetto aborda de nouveau dans le port de Belmonte. La dame, dont la chambre avait vue sur le port, ayant aperçu le navire, interrogea sa femme de chambre, qui lui répondit reconnaître les couleurs du jeune homme de l'an dernier. « Vous avez raison, dit la dame ; il doit certainement avoir de l'inclination pour moi, car c'est le premier qui se soit avisé de revenir. » Sa femme de chambre observa qu'elle n'avait jamais rencontré un cavalier plus agréable. Gianetto vint au château, se présenta à la dame, qui, à sa vue, lui sauta au cou, et la journée se passa en divertissements. L'heure du repos arrivée, la dame le supplia de demeurer. Une fois dans

la chambre de la belle, des servantes parurent,
portant du vin et des douceurs, il en goûta ;
ils se couchèrent, et aussitôt Gianetto tomba dans
un profond sommeil, tandis que, déshabillée
et étendue à côté de lui, la dame n'arrivait pas
à fermer l'œil. Au matin, la dame se leva et
donna l'ordre de piller le navire. Elle lui fit
donner un cheval et de l'argent, et Gianetto s'en
alla comme la première fois. A Venise, il frappe
à la porte du même ami, qui lui demande ce qui
est encore arrivé. « Je suis ruiné ! » soupire Gianetto. Ce à quoi répond l'ami : « Vous avez réduit
Ansaldo à la gêne, et votre honte doit surpasser
votre ruine. » Gianetto se cache quelques jours,
puis se décide à aller voir Ansaldo, qui, se
levant de son fauteuil, court l'embrasser et
lui souhaite la bienvenue. Gianetto, en larmes,
répond à ses embrassements. Ansaldo écoute
son histoire et dit : « Ne te mets pas en peine, mon
cher enfant ; nous sommes encore assez riches ;
car, si la mer ruine les uns, elle enrichit les autres. »
Nuit et jour, le pauvre Gianetto ne songeait qu'à
sa mésaventure. Lorsque Ansaldo s'inquiétait de sa
mélancolie, Gianetto répondait qu'elle le quitterait
seulement le jour où il aurait regagné tout ce
qu'il avait perdu. Le voyant résolu, Ansaldo commença de vendre tout ce qu'il possédait pour appa-
reiller un autre navire ; mais, dix mille ducats lui
faisant défaut, il s'adressa à un Juif de Mestri, qui
les lui prêta, à la condition que, s'il ne lui en rem-
boursait pas cent mille à la S^t. Jean, il lui pren-

drait une livre de chair dans la partie du corps
qu'il choisirait. Ansaldo accepta. Le Juif lui fit
signer un écrit devant témoins, avec toutes les
formalités habituelles, et lui compta dix mille
ducats d'or avec lesquels Ansaldo acheva de charger un nouveau navire. L'instant du départ venu,
Ansaldo fit connaître à Gianetto les conditions
du Juif, ajoutant que, s'il ne pouvait les remplir,
il comptait sur son neveu pour l'assister à ses
derniers moments. Gianetto promit. Ansaldo lui
donna sa bénédiction, et le vaisseau mit à la voile.

Gianetto ne songeait qu'à retourner une troisième fois à Belmonte ; il donna l'ordre à un des
matelots de l'y conduire. La dame reconnut les
couleurs du jeune homme et envoya immédiatement vers lui.

Gianetto se rend au château, le jour se passe
en réjouissances et en festins. En l'honneur de
Gianetto, un tournoi s'improvise auquel prennent
part des barons et des chevaliers qu'il culbute.
Gianetto accomplit des prodiges, tant il sait
manier la lance, et tant il a bonne grâce à cheval.
C'est encore à qui souhaitera de l'avoir pour seigneur.

A l'heure habituelle, la dame, le prenant par
la main, le supplie de rester. Au moment où il
passe le seuil de la porte, une des femmes de
chambre lui murmure à l'oreille de feindre de
boire le vin, mais de n'en point avaler une
goutte. « Vous devez être altéré, dit la dame, je
désire que vous buviez avant de vous mettre au

lit. Deux demoiselles entrent dans la chambre et présentent le vin. « Qui refuserait du vin offert par de si jolies mains ? » s'écrie Gianetto. Ce qui lui vaut un sourire des demoiselles. Il prend la coupe, et feignant de boire en verse le contenu dans son sein. Croyant qu'il a bu, la dame se dit à elle-même que son hôte n'a d'autres ressources que d'aller chercher un autre navire, car le sien est perdu. Gianetto se couche, feint de dormir ; la dame s'étend à côté de lui. Gianetto ne perd pas de temps et la couvre de caresses en murmurant : « Maintenant mes vœux les plus chers sont exaucés ! »

« Lorsqu'il quitta la chambre, il était fait chevalier ; avant la nuit, il épousait la dame. Quelque temps après, on le proclamait souverain de la contrée.

« Gianetto gouvernait sagement ; il rendait impartialement la justice. Il vivait ainsi sans jamais consacrer une pensée au pauvre Ansaldo, quand un jour, comme il se tenait devant une fenêtre du palais avec sa femme, il aperçut un grand nombre de personnes traversant la place avec des torches allumées. « Que veut dire cela ? » demanda-t-il. La dame répondit : « Ce sont des artisans qui vont porter leurs offrandes à l'église, à propos de la St. Jean. Gianetto se souvient d'Ansaldo et pâlit. Sa femme lui demandant la raison d'un changement aussi soudain, il répond ne rien éprouver. Elle le presse ; il finit par avouer qu'Ansaldo est engagé pour de l'argent, que le terme du paiement expire, et que si, en ce jour même, il ne rembourse pas cent mille ducats, il lui faudra perdre une livre de sa chair. La dame lui dit de prendre cent mille ducats, de choisir le plus court chemin, de ne pas s'arrêter avant d'avoir gagné Venise, et si Ansaldo vit encore, de le ramener avec lui. Gianetto monte à cheval, suivi de vingt intendants, et pique des deux jusqu'à Venise. Le délai expiré, le Juif s'était saisi d'Ansaldo, insistant pour obtenir une livre de sa chair. Ansaldo l'ayant supplié d'attendre encore quelques jours, jusqu'à ce que son cher Gianetto fût de retour et qu'il pût l'embrasser, le Juif y avait consenti, répétant qu'il ne lui ferait pas grâce d'une once.

« Cependant que Gianetto se hâtait vers Venise, sa femme le suivait sous les habits d'un homme de loi, avec deux serviteurs. A Venise, Gianetto embrasse Ansaldo, va chez le Juif, et le prévient que non seulement il est prêt à acquitter la somme, mais, au besoin, une somme plus importante. Le Juif répond qu'il ne veut pas d'argent; il n'a pas été payé au terme convenu, c'est la livre de chair qu'il lui faut. Chacun blâme le Juif; mais, à Venise, la justice est implacable ; les prétentions du Juif s'appuient sur des preuves indubitables. L'unique ressource sera de l'attendrir. En vain Gianetto offre vingt mille, trente mille, et jusqu'à cent mille ducats au-dessus de la dette. Le Juif répond : « Vous me donneriez en or le prix de Venise, je n'accepterais pas. Pour me supposer capable de me laisser fléchir, il faut que vous me connaissiez bien peu. »

« Sur ces entrefaites, la dame arrive à Venise, sous des habits d'homme de loi. Elle descend à l'hôtel ; le propriétaire demande aux serviteurs qui est leur maître. Ils répondent : « Un jeune légiste qui vient de terminer ses études à Bologne. » L'hôtelier les reçoit avec toutes sortes de civilités. A l'heure du repas, notre légiste s'informe comment la justice est rendue à Venise. L'hôtelier répond que les juges sont très sévères, et comme preuve, il cite le cas d'Ansaldo. « La question, dit le légiste, peut être aisément résolue. » — « Si vous trouvez moyen de la résoudre, réplique l'hôtelier, si vous pouvez épargner la mort au plus digne des hommes, vous obtiendrez l'estime et l'amour des meilleurs gens de la ville. » Le légiste fait proclamer que, pour toutes contestations, on peut avoir recours à ses lumières. On prévient Gianetto qu'un fameux homme de loi arrive de Bologne, capable de résoudre les cas les plus difficiles. Gianetto propose au Juif de s'adresser à lui. — « Volontiers, répond le Juif ; mais je ne sortirai pas des termes de l'engagement. » Ils se rendent chez le juge et saluent. Gianetto ne reconnaît pas sa femme, car elle a changé sa figure à l'aide de certains jus d'herbes. Gianetto et le Juif plaident chacun leur cause. Quand il a consulté l'écrit, le Juge s'adressant au Juif : « Vous devez prendre les cent mille ducats et laisser cet honnête homme, qui vous en sera éternellement reconnaissant. »

— « Je refuse », dit le Juif. Le juge lui fait observer que le conseil qu'il lui donne est le meilleur. Le Juif ne veut rien entendre. Tous trois se dirigent vers le tribunal où se rendent ces sortes de jugements. Là, notre juge dit au Juif : « Coupez une livre de chair à cet homme, à l'endroit que vous choisirez. » Le Juif le fait déshabiller et prend un rasoir. A cette vue, Gianetto se tourne vers le juge, et lui fait observer que ce n'est point la faveur qu'il espérait obtenir de lui. Ce à quoi le juge lui répond : « Soyez tranquille, la livre de chair n'est pas encore coupée. » A ce moment, le Juif s'apprête à commencer. « Prenez bien garde à ce que vous faites, reprend le juge, si vous coupez plus d'une livre de chair, ou si vous en coupez moins, je vous ferai trancher la tête. Si vous versez une seule goutte de sang, je vous condamne à mort. Votre papier ne mentionne pas que le sang doive couler. Il y est expressément écrit que vous devez coupez une livre de chair, ni plus, ni moins. » Et sur-le-champ il donne l'ordre au bourreau d'apporter un billot et une hache. — « Donnez-moi mes cent mille ducats, s'écrie alors le Juif, et je serai content. » — « Non, répond le juge. Coupez votre livre de viande comme cela est écrit. Pourquoi tout à l'heure n'avez-vous pas accepté les cent mille ducats, lorsque je vous les offrais ? » Le Juif descend à quatre-vingt-dix mille, à quatre-vingt mille ; mais le juge demeure inflexible. Gianetto le prie d'accorder ce que le Juif réclame afin qu'Ansaldo puisse être mis en liberté. Le juge répond qu'il en fait son affaire. Le Juif consent à n'accepter que cinquante mille ducats. « Vous n'aurez pas un sol », répond le juge. « Eh bien ! s'écrie le Juif, rendez-moi mes dix mille ducats, et que ma malédiction vous confonde tous ! » — « Je ne vous donnerai rien, insiste le juge. Si vous voulez une livre de viande, prenez-la, sinon je fais annuler votre engagement. » Alors le Juif, voyant qu'il n'obtiendra rien, déchire son engagement. Ansaldo est mis en liberté et reconduit chez lui, à la grande joie de Gianetto, qui court porter les cent mille ducats au juge, lequel lui dit : « Je n'ai pas besoin d'argent. Reportez-les à votre femme qui ne doit pas savoir comment vous les avez dissipés. » — « Ma femme, dit à son tour Gianetto, est si bonne que j'en dissiperais cent fois autant sans encourir ses reproches. » — « Comment aimez-vous votre femme ? » — « Plus que n'importe quoi sur terre. En la créant, la nature semble avoir dit son dernier mot. Si vous consentez à la venir voir, vous serez surpris à la façon dont elle vous recévra. » — « Je ne saurais vous suivre ; mais, puisque vous la vantez à ce point, veuillez lui présenter mes hommages. » — « Je n'y manquerai pas. Maintenant, je vous en supplie, acceptez au moins une partie de cet argent. » Tandis que parle, Gianetto, notre juge a remarqué une bague qu'il porte au doigt et la lui demande pour toute récompense. « Soit, répond Gianetto, mais comme c'est un souvenir de ma femme, j'hésite à m'en séparer. Quand elle ne la verra plus à mon doigt,

elle me soupçonnera de l'avoir donnée à une
autre. » — « Ne vous estime-t-elle pas assez pour
ajouter créance à vos paroles ; et ne pouvez-vous
pas lui raconter dans quelles circonstances vous
m'en avez fait présent? Je vous soupçonne de la
réserver à quelque jolie maîtresse vénitienne. »
— « L'amour et le respect que je lui porte sont si
profonds que je ne l'échangerais pas contre n'importe quelle femme au monde! » Sur ces mots il
enlève sa bague et la présente au juge. « — J'ai
encore une faveur à vous demander, lui dit ce
dernier. Ne demeurez pas longtemps ici, et retournez le plus tôt possible auprès de votre femme.»
— « Il me semble qu'il y a mille ans que je l'ai
quittée ! » fait Gianetto. Et tous deux se séparent.

« Le juge quitta Venise. Gianetto prit congé de
ses amis et amena avec lui Ansaldo. La dame
étant arrivée la veille et ayant repris ses vêtements
de femme, prétendit avoir passé son temps aux
bains de mer, donna l'ordre de tendre les rues de
tapisseries, et, quand Gianetto et Ansaldo débar-
quèrent, toute la Cour vint au-devant d'eux. Arrivée
au palais, la dame embrassa Ansaldo et feignit la
colère contre Gianetto. S'apercevant que sa femme
ne le recevait pas comme d'ordinaire, il l'appela
et se prosterna devant elle. Elle lui dit n'avoir pas
besoin de ses caresses. — « Je suis certaine que
vous les avez prodiguées là-bas à quelques-unes de
vos anciennes maîtresses ? » Gianetto s'en défend.
Elle lui demande ce qu'est devenue la bague qu'elle
lui avait donnée : « Je m'y attendais, s'écrie

Gianetto. J'avais des raisons de supposer que vous vous mettriez en colère. Je jure sur ce que j'ai de plus sacré, par notre amour, que je l'ai donnée au juge qui a gagné notre cause. » — « Moi, je peux jurer que vous en avez fait présent à une femme. » Gianetto proteste. « Vous auriez mieux fait de demeurer avec vos maîtresses. J'ai peur qu'elles n'aient toutes pleuré quand vous les avez quittées. » Gianetto fond en larmes. A cette vue la dame se jette à son cou, lui montre la bague, et lui raconte comment le juge n'était autre qu'elle-même. Et Gianetto, appelant la femme de chambre qui lui avait conseillé de ne pas boire de vin, la donna en femme à Ansaldo. Et le reste de leur vie se passa dans la plus grande félicité. »

Le conte de Fiorentino était trop joli pour ne pas tenter les imitateurs. Au commencement du XVIe siècle, un juriste français, Alexandre Sylvain, en fait le thème d'une déclamation dans un manuel d'éloquence. A la fin du même siècle, le conte devient complainte, celle de *Gernutus*, que que l'on chantait sur l'air de *Black and yellow*.

> Good people, that doe heare this song,
> For trueth I dare well say
> That mary a wretch as ill as hee
> Doth live now at this day.

« Bonnes gens, écoutez cette chanson ; car, pour « l'amour de la vérité, j'ose dire que beaucoup de

« coquins aussi mauvais que celui-ci vivent encore
« en ce monde. »

Entre temps un auteur demeuré inconnu écrit
une tragédie intitulée *le Juif*, représentée sur le
théâtre du *Bull*, et Marlowe fait jouer par la troupe
de Cokpit un *Juif de Malte*.

De tels précédents ne devaient point effrayer
Shakespeare. Il se pourrait même, — et j'aime à le
supposer, — que le *Juif de Venise* fût une réplique
au *Juif de Malte*. Dans le *Juif de Malte*, Marlowe
avait dépensé, et disons-le en passant, avec un
grand talent, tout le superflu d'une nature violente
et d'un esprit volontiers porté à l'exagération.
Barabas est un monstre au point de sacrifier sa fille
à sa haine. C'est qu'à l'époque où nous sommes, en
1598, l'Angleterre n'est tendre ni aux catholiques,
ni aux juifs, et c'est là un point sur lequel nous
croyons devoir insister, afin de montrer dans quelle
atmosphère Shakespeare a composé son Shylock.

Nous avons déjà eu l'occasion de signaler l'aveu-
glement des adversaires de la religion de Rome.
Nous avons raconté quelles contestations pouvaient
soulever la distance à observer entre un autel et
un mur, la moindre formule d'une prière. La guerre
contre l'Espagne, exagérant les divisions, devait
donner un supplément de besogne aux pamphlétaires,
aux pratiquants et aux bourreaux. Les pensées
multipliaient les écrits. Nous avons sous les yeux
le texte d'un de ceux qui eurent le plus grand
retentissement, quelques mois avant l'apparition
du *Juif de Venise;* il dut tomber sous les yeux de

Shakespeare, c'est pourquoi nous n'hésitons pas à en donner le texte retrouvé dans l'intéressante collection des *Original Papers*.

Translat d'un Paquille semé par les rues à Rome, intitulé : *le Caquefaguisme doctrinal et confession de la foi espagnole, où le docteur Pantalon et Zani, son disciple, enseignent que toute foi, toute espérance, doit être fondée sur le très puissant roy Philippe et sur tous les Apres de la Sainte Ligue, et qu'il ne faut pas faire comme les Bourbonnais, Anglais et Protestants, qui croient en Dieu seul, obéissent plutôt à Christ qu'au Pape.* Composé à Rome, du Révérend Père Juvenal Bourges, Jésuite, et envoyé à tous les seigneurs et dames d'Angleterre, par Charles Cyprien.

Pantalon. Zani, vu que j'ai soin de mon ami et que je vois que tu ne fais non plus le signe de la croix de la main dextre, et que tu ne prends plus de l'eau bénite entrant à l'église, et que tu ne dis non plus tes patenôtres au matin, je voudrais bien savoir en quel diable que tu crois.

Zani. Patron, quand j'ai, au matin, invoqué le Créateur de pâtes et salué la sainte Vierge de flacons, et satisfait à mon très cher ventre, je mets toute ma foi, toute mon espérance, en la Sainte Ligue, et en ses benoîts apôtres, et je ne veux point faire comme les Bourbonnais et Anglais, qui croient en Dieu seul.

Pantalon. Quelle bête est cette tienne Sainte Ligue, et quelles créatures sont ces tiens apôtres ?

Zani. Quelle bête, diable ! C'est une très belle p..., forcée des princes, confessée et absolue des religieux, payée des peuples ; et ses apôtres sont pape Sixte, sans penser au Christ, le père d'Espagne, le fils de Savoie, sans le Saint-Esprit, la maison de Lorraine, avec la maison de Guise, mettant France en chemise.

Pantalon. Récite-moi, de grâce, le symbole de ces Apôtres afin que nous croyions que tu es devenu un grand docteur en l'Eglise des pâtes.

Zani. Je crois en le très puissant roi d'Espagne, créateur de la terre, archidompteur des luthériens comme des

Turcs, empereur et monarque autant du monde que de l'immonde. Je crois en son fils et fille, l'Infant, avec toute son infanterie. Je crois en outre en son très généreux beau-fils, général Bossu de Savoie de Piémont, qui par sa rare vertu est monté au signe de Gémini avec l'Infante et passé par le signe de Capricorne. Je crois en ce généreux messie, le duc de Parme, mort, enseveli, qui descendit aux enfers. Je crois en cette très grande et très grosse tête (avec peu de philosophie) du Maine. Je crois en la sainte Église de Lorraine, autant apostolique comme chrétienne.

Pantalon. En combien d'articles est parti ce symbole, et quels sont-ils ?

Zani. En douze. A savoir : Ambition, hypocrisie, envie, tyrannie, calomnie, trahison, simonie, sédition, ignorance, malice, témérité et rebellion. Ceux-ci sont les plus dignes degrés pour entrer en l'Église et Paradis de la Sainte Ligue et de ses apôtres.

Pantalon. Quelle est l'intention de la Sainte Ligue et de ses apôtres ?

Zani. L'intention est très bonne. Imitant Dieu dans sa création, car ainsi que le Créateur a tout fait pour sa gloire, ceux là aussi font tout pour leur gloire.

Pantalon. Comment sont-ils entrés en cette benoîte entreprise, et comment sont-ils entrés en France ?

Zani. Ils ont procédé comme les rois mages d'Orient, feignant de venir adorer le Christ et le planter en France, portant trois dons, à savoir : peste, guerre et famine, étant guidés par l'étoile de présomption et d'hypocrisie.

Pantalon. Combien et quel fruit a porté en France cette tienne déesse appelée Ligue ?

Zani. Elle a conçu une chimère, engendré un scorpion, a semé ivraie, a recueilli épines, a composé un labyrinthe, a gagné confusion, a ému de bruit, a reçu la rage, a trouvé le doux commencement et trouver a la fin amère.

Pantalon. Comment finira-t-elle ?

Zani. Elle ira voir son cher père Lucifer et sa sœur Proserpine avec tous ses parents de Lorraine, car elle a tant de faveur en ce pays-là qu'ils la recevront plutôt qu'en France.

Eh bien ! la haine du protestant contre le catholique n'était rien à côté de celle qu'il nourissait contre le Juif. Il le sentait venir de France, d'Espagne, de Hollande, d'Allemagne, menaçant sa religion et ses intérêts. Il multipliait les décrets, les lois. Il préparait les tortures et faisait aiguiser les haches. Shakespeare avait pour lui toutes les passions, toutes les consciences, tous les suffrages, s'il consentait à frapper impitoyablement Israël. Mais Shakespeare ne partageait pas la haine de ses concitoyens. Le « doux cygne » était, comme Essex et Southampton, porté à toutes les indulgences et partisans de toutes les conciliations. De même qu'il avait réhabilité la Fée et le Sylphe, il voulut démontrer que le Juif a une âme et un cœur, et de Shylock il a fait un père frappé dans sa profonde affection. Jessica est sortie tout entière du cerveau du poète, cette Jessica sur laquelle Shylock veille avec tant de méfiance ; cette Jessica qui ne doit pas grimper aux croisées, ni allonger la tête sur la voie publique, quand elle entend le tambour et le fausset du fifre au cou tors, pour contempler ces fous de chrétiens au visage verni. Et c'est au profit de Shylock qu'il recommande la clémence, tant vantée, au cours de l'action, par Portia. Cette clémence « qui tombe du ciel comme une pluie bienfaisante, faisant autant de bien à celui qui donne qu'à celui qui reçoit, et qui, au monarque sur le trône, sied mieux que la couronne ! »

CHAPITRE XX

Divers commentateurs laissent entendre qu'à l'époque de Shakespeare la concurrence théâtrale était de médiocre importance. A les en croire, les représentations s'espaçaient. Le théâtre pouvait passer pour une distraction accidentelle. Il suffit, pour leur répondre, de récapituler le répertoire des concurrents de Shakespeare, dont les noms sont parvenus jusqu'à nous.

Au siècle dernier, de curieux manuscrits, relatifs au théâtre, ont été retrouvés à Dulwich Collège. L'un de ces manuscrits est un large folio où sont inscrits les comptes de Philippe Henstowe, qui fut propriétaire de la Rose. Un autre contient la récapitulation des pièces jouées par les comédiens de lord Strange, de lord Amiral et d'autres Compagnies, entre le 19 février 1591 et le 5 novembre 1597. Nous croyons devoir en donner un extrait. Il prouvera l'abondance des productions dramatiques. On y verra de plus combien de fois les pièces étaient jouées, et ce qu'elles rapportaient à leurs auteurs[1].

[1] Les chiffres entre parenthèses indiquent le nombre des représentations.

Au nom du Seigneur, amen. 1591

COMPAGNIE DE LORD STRANGE

			L.	S.	D.
Friar Bacone [1]	19 févr.	(4)		17	3
Mulomurco [2]	20 févr.	(11)		29	7
Arlando [3]	21 févr.	(1)		16	6
Don Horatio	23 févr.	(3)		13	6
Sir John Mandeville	24 févr.	(5)		12	6
Henry de Cornwall	25 févr.	(3)		32	
Le Juif de Malte	26 févr.	(10)		50	
Clorys et Orgasto	23 févr.	(1)		18	
Matchavell	2 mars	(3)		13	
Henry the VI [4]	3 mars	(13)	3	6	8
Bendo et Richardo	4 mars	(3)		16	
Quatre pièces en une seule	6 mars	(4)	3	11	
Le Miroir [5]	8 mars	(4)		7	
Zenobia	9 mars	(1)		22	6
Jéronimo	14 mars	(14)	3	11	
Constantin	21 mars	(1)		12	
Jérusalem [6]	22 mars	(2)		18	
Brandymer	6 avril	(2)		22	
La Comédie de Jéronimo	10 avril	(4)		28	
Titus Vespasien	11 avril	(7)		3	4

1. Par Robert Greene.
2. Il s'agit probablement de la *Bataille d'Alcazar.*
This brave bar-barian lord, Muly Molocco.
3. *Arlando Furioso,* par Robert Greene, imprimé en 1599.
4. Il s'agit ici de la *Première Partie d'Henri IV*, qui, lors de la première représentation, était intitulée : *The Play of King Henri VI.* Cette pièce devint si populaire qu'entre le 3 mars et le 14 juin de l'année 1592 elle fut jouée trente fois. Dans un pamphlet de l'époque, Nash parle de dix mille spectateurs qui l'avaient entendue.
5. *The Looking Glass for London and England,* par Robert Greene et Thomas Lodge. Imprimée en 1598.
6. Probablement la *Destruction de Jérusalem,* par Thomas Lodge.

Aussi en deux mois, les comédiens de lord Strange interprètent vingt pièces différentes.

Consultons le registre des comédiens de lord Amiral et de lord Chambellan, en date de 1594.

Au nom du Seigneur, amen.

			L.	S.	D.
Esther et Assuérus..........	3 juin	(2)		8	
Andronicus..............	5 juin	(2)		12	
Cutlacke.................	6 juin	(12)		11	
Bellendon.................	8 juin	(17)		17	
Hamlet	9 juin	(1)		8	
La Mégère apprivoisée [1]	11 juin	(1)		9	
Le Juif de Malte	12 juin	(18)	4		
La Comédie des Vagabonds..	18 juin	(10)		22	
Le Guise [2]..................	19 juin	(10)		53	
Julius [3]	26 juin	(9)	3		
Philippe et Hippolyte.......	9 juill.	(12)	3		
Le Marchand de Candie.....	30 juill.	(1)	3	8	
La Mélancolie du Tasse.....	12 août	(15)	3		
Mahomet [4]	15 août	(8)	3	5	
Le Vénitien.................	25 août	(11)		50	6
Tamerlan.................	28 août	(23)	3	11	
Palamon et Arcite [5]........	17 sept.	(4)		51	
L'amour d'une jeune Anglaise.	24 sept.	(1)		47	
Le Docteur Faust [6]	30 sept.	(24)	3	12	
L'amour d'une femme grecque.	4 oct.	(12)		26	
Le Docteur Français	18 oct.			22	
Le moyen de reconnaître un honnête homme	22 oct.	(19)		40	

1. Il s'agit de *la Mégère*, qui précéda celle de Shakespeare. Les deux titres ne sont pas les mêmes. Celui de la pièce en question est *The Taminge of a Shrewe*.

2. *Le Massacre de Paris*, de Ch. Marlowe.

3. *Julius César*.

4. De Philippe Massinger.

5. Probablement la comédie qui inspira *les Deux Gentilshommes*.

6. De Marlowe.

			L.	S.	D.
César et Pompée [1]	8 nov.	(8)	3	2	
Dioclétien................	16 nov.	(2)		43	
Les Hommes Sages de Chester.	2 déc.	(20)		28	
Le Maw [2]	13 déc.	(4)		44	

En six mois, vingt-six pièces. Le registre des
pièces jouées en 1596 par la troupe de lord Amiral
nous donne la même idée de la fécondité des
auteurs et de l'activité des comédiens. En 1597,
nous relevons : *le Savetier*, *la Mère Redcap*,
d'Anthony Munday et Michel Drayton. En 1598,
Didon et Ænée, *Phaéton*, par Thomas Dekker ; *le
Monde court sur des roues* par G. Chapman ; *The
Triplicity* de Thomas Dekker ; *les Fameuses Guerres
d'Henri Ier et le Prince de Galles*, par Michel
Drayton et Thomas Dekker ; *le Comte Godwin et
ses trois fils*, par Michel Drayton, Henri Chettle,
Thomas Dekker et Robert Wilson ; *la Seconde
Partie de Godwin*, par Michel Drayton ; *la Vie
d'Arthur, roi d'Angleterre*, par Richard Hathwaye ;
la Première Partie d'Hercule, *la Seconde Partie
d'Hercule*, *Phocas*, *Pythagoras*, *Alexandre et
Lodowick*, par Martin Slanghter ; *les Funérailles de
Richard Cœur de Lion*, par Robert Wilson, Henri
Chattle, Anthony Munday et Michel Drayton ; *le
Testament d'une femme*, par Georges Chapman ;
Annibal et Hermès, par Robert Wilson, Michel
Drayton et Thomas Dekker ; *Valentine et Orson*,

1. Stephen Gosson mentionne une pièce intitulée : *l'Histoire
de César et Pompée*, qui fut jouée avant 1580.
2. Le *Maw* était un jeu de cartes.

par Richard Hathwaye et Anthony Munday ; *Pierre de Winchester*, par Thomas Dekker, Robert Wilson et Michel Drayton ; *la Pièce d'une femme*, par Henri Chettle, etc.

Nous voilà loin de la facilité avec laquelle un auteur pouvait se faire jouer au temps de Shakespeare. Si nous revenons sur le chiffre des droits, nous nous rendrons compte encore de la difficulté que devaient trouver les dramaturges à s'enrichir. Aussi bien, les deux lettres suivantes, trouvées dans les papiers d'Henstowe, en donnent une idée exacte.

Mr. Hinchlow,

Depuis que vous m'avez vu au lit, je n'ai jamais été si faible. Je vous en prie, acceptez le raisonnable marché que je vous ai proposé pour *le Sonneur*. Nous ne toucherons que douze livres, et l'excédent de la seconde représentation sur lesquels j'ai touché dix shillings. Cher et bon monsieur, réfléchissez combien, par considération pour vous, j'ai montré de désintéressement, consentant à ne recevoir que douze livres au lieu de vingt. Ne m'abandonnez pas dans l'extrémité où je me trouve, et vous pourrez toujours disposer de moi. Ma femme peut vous certifier le besoin où je me trouve. Cette lettre vous servira de reçu, jusqu'à ce que je me mette au travail.

Votre..., etc.

ROBERT DABORNE.

A la fin de cette lettre, on lit, écrit de la main de Henstowe :

Prêté vingt shillings à Mr. Daborne sur la réception de sa lettre, comme avance sur une pièce intitulée : *le Sonneur de Londres.*

A notre très aimé ami, Mr. PHILIPPE HINCHLOW. ESQUIRE.

Vous connaissez notre extrême misère, et je ne vous pense
pas assez dénué de sentiments chrétiens pour jeter dans la
Tamise l'argent dont nous avons besoin, plutôt que de
secourir des innocentes victimes. Vous savez que vous êtes
redevable d'au moins dix livres sur la pièce. Notre désir
serait que vous nous en envoyassiez au moins cinq, dont
vous serez crédité, sans lesquelles nous ne pourrions obtenir notre licence et, conséquemment, nous ne pourrions
jouer la pièce. Je vous en prie, envisagez notre cas avec
humanité, et donnez-nous une preuve de votre amitié en
ces temps de gêne. Etc., etc.

Vos très reconnaissants et très dévoués amis,

NAT. FIELD.

L'argent sera retenu sur ce qui reste dû sur notre pièce
en collaboration avec Mr. Flechter.

ROB. DABORNE.

J'ai toujours trouvé en vous un excellent ami, et, dans
notre malheur, j'espère que vous ne nous abandonnerez
pas.

PHILIP. MASSINGER.

Au dos :

Reçu par moi, Robert Davison, de Mr. Hinschlow, pour
l'usage de Mr. Daborne, Mr. Field, Mr. Massinger, la somme
de cinq livres.

ROBERT DAVISON.

CHAPITRE XXI

Quelques mois après la représentation du *Marchand de Venise*, le théâtre du Globe donna la pièce de Ben Jonson, retouchée dans les conditions que nous avons dites. Le succès en fut considérable, et Shakespeare se félicitait de son initiative, lorsqu'une aventure lui défendit de compter au moins pendant quelque temps sur son protégé. Ben Jonson était d'un caractère difficile. Il avait l'esprit batailleur. A la représentation de *A chacun son humeur*, un spectateur ayant osé protester, — et ce spectateur n'était autre que Gabriel Spencer, son ancien camarade du théâtre de la Rose, — Ben Jonson lui envoya un défi. Un duel s'ensuivit, à l'issue duquel Gabriel Spencer tomba frappé à mort.

L'histoire littéraire a diversement interprété l'incident, et les suppositions iraient encore leur train, si Mr. John Cordy Jeaffreson n'avait eu l'idée d'examiner les rôles des sessions de Middlesex, depuis le règne d'Edouard VI jusqu'à la fin de celui d'Elisabeth, et la chance de retrouver celui où Ben Jonson est accusé de félonie. Voici le document, à titre de curiosité :

*Cogn' Indictament petit librum legit Vt clicus sign' cum l'r'a
T Et delr juxta formam statut', etc.*

« Middlesex. — Les jurés pour la reine présentent que
Benjamin Johnson (*sic*) de Londres, *yeoman*, le vingt-
deuxième jour de septembre, dans la quarantième année
du règne de notre Lady Elisabeth, par la grâce de Dieu,
reine d'Angleterre, de France et d'Irlande, et qui défend la
Foi, etc., avec force et armes..., etc., a attaqué un certain
Gabriel Spencer étant dans la paix du Seigneur et de la
reine déjà nommée, à Shordiche, dans le susdit comté de
Middlesex, dans les champs avec une certaine épée de fer
et d'acier appelée une rapière, du prix de trois shillings, au
moyen de laquelle, la faisant aller de ci de là, nue, dans
la main droite, il battit, roua le même Gabriel, auquel il fit
une blessure mortelle de la profondeur de six pouces et de
la largeur d'un pouce sur le côté droit du même Gabriel,
et à la suite de laquelle le même Gabriel Spencer à Shordiche, déjà nommé, mourut instantanément. Conséquemment, les jurés susnommés disent sous serment que le
déjà nommé Benjamin Johnson à Shordiche, déjà nommé
dans la susdite contrée de Middlesex, et dans les champs
susdits, dans l'an et le jour plus haut cités, a traîtreusement
et volontairement tué et égorgé le susdit Gabriel Spencer..., etc., etc.

Il serait superflu de montrer tout ce qu'il y a
d'exagéré dans cette interprétation d'une rencontre
fatale. Ben Jonson n'en fut pas moins menacé
d'une mort ignominieuse, à laquelle il n'échappa
que grâce à l'entremise du clergé. Sa soi-disant
forfaiture lui coûta la confiscation de ce qu'il possédait. Il fut jeté dans la prison de Newgate, où il
demeura plusieurs mois pour n'obtenir sa liberté
qu'après avoir été marqué d'un A sur la partie
charnue du pouce gauche.

C'est à Newgate qu'il apprit le nouveau succès remporté par Shakespeare avec *Peines d'amour gagnées (Love's Labours Won)*, comédie empruntée à un conte de Boccace : *Gillette de Narbonne*, laquelle devait devenir plus tard : *Tout est bien qui finit bien (All's Well that Inds Well)*. On sait le déplaisir qu'il en conçut. Ben Jonson devait accumuler sous les verrous la bile qui le tourmentera durant toute sa vie. A cette époque il n'était qu'ingrat envers un protecteur ; proche est celle où il se montrera bassement jaloux.

Mais Shakespeare avait d'autres préoccupations que l'ingratitude d'un obligé. En Angleterre, la situation se tendait. La reine, dont les finances s'étaient épuisées à lutter contre l'Espagne, ayant fait demander à la Chambre des communes des subsides par l'intermédiaire de lord Chancelier, sir Thomas Egerton, ce dernier avait représenté que l'Espagne, de complicité avec le Pape et le démon, s'efforçait de priver le royaume d'Angleterre de sa religion, et chaque jour Londres comptait des victimes expiatoires. Heutzer raconte qu'en 1598 le pont de Londres était orné de trois cents têtes coupées; autant qu'il y en avait de clouées aux remparts de la Tour, lors de la visite de Biron, ambassadeur d'Henri IV, à la reine. Essex n'avait rien épargné pour ralentir l'élan donné par Thomas Egerton, conseiller la clémence à la reine, contre-balancer la mauvaise influence de lord Burleigh. Son zèle ne devait servir qu'à procurer des arguments à ses nombreux ennemis et bientôt lui attirer les rancunes d'Elisabeth. Décidé à n'en pas rabattre, Essex tient tête à sa souveraine. Un jour, la discussion s'échauffe. Elisabeth fait acte d'autorité, Essex lui tourne brusquement le dos ; la reine le soufflette. Essex porte la main à son épée, quitte la Cour et écrit au chancelier une lettre dont il distribue des copies à ses amis. Que va-t-il en advenir? Lord Burleigh serait pour la répression; il est mourant. François Bacon n'est pas homme à se risquer entre une reine et son favori. Sur ces entrefaites, l'Irlande se révolte. Les ministres sont pour la guerre. La reine y voit une occasion de se réconcilier avec son favori qu'elle nomme gouverneur de l'Irlande, sous le titre de lord-lieutenant. Essex quitte Londres au mois de mars 1599, au milieu des acclamations de la populace. Il emmène Southampton en qualité de général de cavalerie.

Shakespeare avait suivi, non sans inquiétude, les péripéties par lesquelles venait de passer Essex. Ce dernier parti, il apprend que le comte de Nottingham, Robert Cécil, Walter Raleigh, lord Cobham, ont applaudi à la décision de la reine dans l'espoir qu'Essex succombera sous une tâche dépassant ses forces, et que dans sa chute il entraînera Southampton, dont le crédit commençait à devenir gênant. Son esprit s'inquiète, son cœur s'émeut. Sa pensée ne quitte pas la flotte qui transporte les deux amis « éventant le jeune Phaéton avec de soyeux pavillons ». A l'heure des rêveries, il ne voit que mousses grimpant aux poulies de chanvre, voiles gonflées par le vent invisible, vaisseaux opposant leur poitrine à la lame. Son anxiété redouble, car les événements ont donné raison aux suppositions. Essex n'a pas été heureux dans la campagne d'Irlande. Il a maladroitement temporisé. L'heure est venue de plaider la cause des Irlandais opprimés, de montrer les cruautés des discordes, car chaque goutte de sang innocent est une malédiction, et malheur à celui dont l'iniquité aiguise les épées. L'heure est venue encore de rappeler qu'à son départ de Londres Essex était escorté par le peuple, la noblesse, afin d'éclairer l'opinion sur la fragilité de ses enthousiasmes. Il se souvient d'un *Henri VI* représenté au théâtre du Globe, celui auquel Nash a fait allusion dans son volume intitulé : *Pierce Penniless his supplication to the Devil*. Il le reprend, le remanie, y met la marque de son génie, sous la double inspiration d'un libéralisme froissé et d'une amitié en révolte...

CHAPITRE XXII

L'audace aura ses conséquences. La reine fait savoir son mécontentement à l'auteur. Les courtisans réclament un exemple. Les puritains accumulent brochures sur brochures, pamphlets sur pamphlets, pour démontrer l'immoralité de certaines représentations. On va jusqu'à menacer Burbadge, lui rappelant avec quelle complaisance on a fait droit à la pétition où il demandait de prolonger son séjour à Blackfriars durant l'hiver de 1596 jusqu'à l'achèvement de la construction du Globe [1]. Enfin un confrère s'en mêle, qui n'est autre que l'homme au pouce marqué, Ben Jonson. Il n'attendait qu'une occasion pour s'attirer les bonnes grâces des gens de la Cour et tâcher de contre-balancer la vogue de Shakespeare. Sur la demande de Raleigh, à moins que ce ne soit sur celle de Cecil, on va reprendre *Chaque homme a son humeur*, cette même pièce imposée par Shakespeare. Ben Jonson y ajoutera un Prologue, et ce Prologue ne sera qu'une plate satire dirigée contre Henri V :

[1]. Nous avons trouvé trace de cette pétition dans le *Calendar of State Papers* (Domestic) à la date de novembre 1596.

« *Petition of Tho-Pope*, etc. Pétition de Tho-Pope, Richard Burbadge, John Heminge, Augustine Philipps, *William Shakespeare*, Kempe, Slye, Nicholas Tooley et autres propriétaires et comédiens

Bien que le besoin de vivre ait créé un grand nombre de poètes, même parmi ceux que l'art et la nature n'avaient pas formés pour l'être, cependant le nôtre, malgré cette même nécessité, n'a pas assez aimé le théâtre pour oser conserver les mauvaises coutumes du siècle, en sacrifiant son propre goût et sa juste répugnance à vous montrer l'enfant à peine sorti de ses langes, qui devient tout à coup un homme fait et atteint bientôt avec la même barbe et les mêmes vêtements la soixantaine et plus; ni à ressusciter, au moyen de trois épées rouillées et de quelques mots d'un pied ou d'un demi-pied, les longues querelles d'York et de Lancastre; ni à faire cicatriser une profonde blessure, en une minute, derrière la scène. L'auteur a préféré vous prier de bien accueillir aujourd'hui une pièce telle, selon lui, que les autres devraient être et dans laquelle le chœur ne vous fera pas voyager au-delà des mers; vous n'y verrez pas des trônes descendre, avec bruit, du haut des airs, à l'ébahissement des petits garçons, ni des fusées partir, à l'effroi des femmes; vous n'y entendrez pas des boules rouler sur le cuivre pour dire : il tonne, ni des tambours tumultueux faire des roulements pour vous apprendre quand arrive la tempête; mais vous y verrez le personnage agir et parler comme il est d'usage de parler et d'agir, et l'on vous y représentera l'image de la vie et le tableau des folies de l'homme, et non celui de ses crimes. A moins que nous n'encouragions toujours les mêmes erreurs populaires, tout en les reconnaissant mauvaises, je maintiens que de pareilles sottises ne méritent pas autre chose que la raillerie dont vous-mêmes les poursuivez, et si vous les raillez sincèrement, il y a quelque espoir que la faveur que vous

du théâtre de Balckfriars, au Conseil, pour obtenir la permission de finir les réparations et changements à ce théâtre, commencés à leurs frais, malgré certains habitants du quartier ayant émis le vœu que le susdit théâtre fût fermé. Ils seraient ruinés s'ils né pouvaient se servir de Blackfriars pour leurs représentations d'hiver, ne pouvant pas utiliser la nouvelle salle construite sur le Bankside, et appelée le Globe, avant l'été prochain. De la façon, il leur serait permis de jouer, appelés pour distraire et amuser Sa Majesté et son honorable Cour, suivant leur habitude. »

accordez à des monstres vous ne la refusiez pas à de véritables hommes [1].

Le temps ne désarmera pas Ben Jonson. Il se montrera, au contraire, d'autant plus hargneux que s'affirmera la gloire de Shakespeare. Voici une comédie intitulée : *le Retour du Parnasse* (*The Return from Parnassus*) datant de 1601 et dans laquelle se trouve le passage suivant : « Notre compagnon Shakespeare les tombe tous : même Ben Jonson. Oh ! que ce Ben Jonson est un malfaisant camarade. Sous le personnage d'Horace, il donne une pilule au poète ; mais notre ami Shakespeare lui a administré une purge qui lui a révélé son crédit. » La pièce de Jonson à laquelle il est fait allusion est *le Mauvais Poète* (*The Poestater*), jouée en 1601, à Blackfriars, d'où l'on peut conclure que Shakespeare n'y était pas tout-puissant, à moins qu'il ne se montrât accommodant au-delà de ce qu'il est permis de supposer. Ben Jonson commence par s'attaquer « aux comédiens et aux poètes-singes qui pourraient se trouver dans la salle, et dont les langues fourchues sont trempées de poison, comme leur cœur l'est de fiel. » En souvenir des réunions du club de la *Mermaid* où fréquentait Shakespeare, il maltraite ces poètes, « buvant et faisant des jeux de mots à table, dans l'espoir d'attraper de temps à autres une demi-douzaine de shillings ». Il insiste sur Pantalabus, un poète au style élevé, pompeux,

1. Traduction de M. Ernest Lafond (*Ben Jonson*, J. Hetzel, éditeur).

à la dernière mode, piaffant et plus dodu que celui des autres rimeurs. « Il était né pour te remplir la bouche, Minotaure ; et il t'apprendra à lancer les mots bruyamment et au hasard. Va, canaille, prends-toi d'amour pour sa muse. Tu as bien quarante... quarante shillings, je veux dire, butor ; donne-les-lui ; il écrira pour toi, animal. S'il t'écrit un rôle une fois, tu n'auras plus besoin de voyager avec tes escarpins pleins de gravier derrière une rosse aveugle traînant tes bagages dans un panier ; ni de marcher carrément sur des planches soutenues par des tonneaux, au son d'une vieille trompette bosselée [1]. » Il lance une flèche à Decker ; il parodie *King Darius, Ieronymo, Locrine, The Battle Of Alcazar*. Il s'amuse aux dépens d'un des actionnaires de la *Fortune*, puis il revient à Shakespeare en ridiculisant des passages entiers d'*Henri V*. Quelques années plus tard il y insistera encore, dans *la Femme silencieuse (Silent Woman)*, dans *Bartholomew Fair'*, dans *The Devil's an Ass*, dans *Cynthia's Revels*, etc., etc. Nous ne parlons pas des livres, des brochures et des pamphlets.

Shakespeare n'était pas homme à mépriser les attaques ; il en souffrait, quelque injustes qu'elles pussent être. Celles de Ben Jonson l'eussent donc chagriné, si sa pensée n'avait été forcément autre part. Le soir même de la représentation de *Comme vous l'aimez (As you like it)*, où entre parenthèses,

----

1. Tous les passages du *Mauvais Poète* que nous citons sont empruntés à la traduction de M. Ernest Lafond.

il jouait le rôle d'Adam, il apprend que la conduite
d'Essex, durant l'expédition d'Irlande, a tellement
irrité la reine que la veille Essex est revenu subite-
ment à Londres, s'est présenté au palais couvert
de sueur et de poussière, a traversé la chambre de
présence et s'est jeté aux pieds d'Elisabeth.
Quelques heures après elle lui ordonnait de garder
les arrêts, en attendant qu'il rendît compte de sa
conduite en présence du Conseil privé. Shakespeare court chez Southampton également de retour
et le supplie de le mettre à même de voir le disgrâcié! Southampton a été compris dans la disgrâce, et Essex est au secret sous la garde du lord
chancelier Egerton. La semaine suivante, Essex
comparaît devant le Conseil privé. Le procureur
général Coke soutient l'accusation dans laquelle
est compris Southampton, à qui incombait le
commandement de la cavalerie. Le solliciteur
général Fleming appuie sur l'état déplorable
dans lequel le comte a laissé le royaume. Enfin
François Bacon ferme l'accusation en retraçant
les expressions peu mesurées contenues dans
quelques-unes des lettres de l'accusé.

Pour Shakespeare, ce n'est pas seulement deux
amis en danger, c'est un troisième convaincu de
honteuse courtisanerie et de basse trahison.
François Bacon, l'accusateur d'Essex! Ben Jonson
peut épancher sa bile. Que sont les coups d'un
pamphlétaire à côté de ceux qui tombent de si
haut et menacent de frapper des têtes aussi chères.
Un instant Shakespeare croit que la pitié l'em-

portera sur l'intrigue. Essex est libre. On lui fait payer sa liberté le prix d'un immense revenu que lui valait la ferme des vins. Sous ce nouvel affront, Essex se cabre. Il forme un parti composé de militaires sans emploi, de catholiques en quête de vengeance, de puritains ambitieux, du peuple qui l'escortait hier, d'aventuriers qui le trahiront demain. Notre poète frissonne à l'idée que les portes de Newgate pourraient se refermer pour toujours sur le conspirateur. Que n'avons-nous la lettre que Shakespeare lui écrivit alors par l'intermédiaire de Southampton! Quelles éloquentes paroles durent lui dicter l'amitié et l'effroi. Ah! oui, Ben Jonson peut profiter du moment pour amuser le parterre aux saillies de son humeur jalouse. D'autant plus qu'un mot d'Essex a suffi pour transformer Shakespeare et du sage conseiller faire un imprudent complice.

Nous avons déjà eu l'occasion de dire quelle campagne les puritains menaient contre les théâtres. Nous avons entendu Burbadge raconter à Shakespeare les persécutions du secrétaire Wahingham. Le puritanisme devait frapper encore John Lyly, Nash et beaucoup d'autres. En 1599, à propos de la construction de la Fortune dans Golding-Lane par Edward Alleyn, associé avec Philip Henslowe, les rigueurs exercées contre les théâtres recommencent de plus belle. Des plaintes collectives sont adressées au Conseil privé qui rédige des vetos heureusement suspendus. En 1600, deux théâtres sont seulement autorisés à ouvrir leurs portes : le Globe, occupé par les comédiens de lord Chambellan, et la Fortune, dirigé par ceux de lord Amiral. Encore ne joueront-ils que deux fois par semaine, sauf le dimanche et sauf la semaine précédant Pâques. Le document vaut la peine d'être reproduit :

Diverses plaintes ayant été adressées aux lords, aux membres du Conseil privé de Sa Majesté, concernant des abus de toutes sortes et des désordres occasionnés par l'exploitation de certains théâtres situés à Londres; plus récemment de nouvelles plaintes ayant été rédigées par de nombreuses personnes, à propos de la construction d'un nouveau théâtre, dans ou près de Golding-Lane, par un nommé Edward Allen, au service du très honorable lord Amiral, la question a été débattue par Leurs Seigneuries, non seulement en ce qui touche généralement les maisons bâties en vue de devenir des théâtres, en ce qui a trait à l'art théâtral, mais encore eu égard à la nouvelle construction de Golding-Lane. Il est manifestement connu que le nombre de ces susdits théâtres, que la mauvaise administration qui y préside, ont été et sont encore journellement l'occasion de mener une vie de paresse, de luxure, de débauche pour un grand nombre de gens qui renoncent à la bonne conduite et au travail, pour se rassembler et devenir la cause d'abus et de désordres particuliers. Néanmoins, considérant que la représentation de certaines pièces (pourvu qu'elles ne soient pas condamnables en elles-mêmes) peut, avec de l'ordre et de la modération, être supportée dans un État bien gouverné, considérant aussi que Sa Majesté est quelquefois charmée, récréée, à les voir et à les entendre, des mesures doivent être prises relativement au maintien de certaines personnes estimées capables de distraire Sa Majesté et en conséquence au maintien des théâtres dans lesquels elles exercent. Finalement, étant donné qu'un terme doit être mis aux abus des théâtres sans causer de préjudices à ceux qui ont fourni des preuves de modération, les lords et le reste du Conseil privé de la reine, à l'unanimité, ont ordonné en manière et forme comme suit :

Premièrement. Deux théâtres, et pas plus, seront autorisés dans la Cité à jouer à leur profit : l'un situé sur la place communément appelée le Bankside, l'autre dans Middlesex. Et comme Leurs Seigneuries ont été informées par Edmond Tilney, Esq. serviteur de Sa Majesté et Maître des Divertissements que le théâtre, en train d'être construit par ledit Edward Allen, n'augmenterait pas le nombre des théâtres, devant remplacer un autre (nommé le Rideau) sur le point d'être démoli, mis à bas ou affecté à un autre usage, il est entendu que ledit théâtre d'Allen sera le théâtre autorisé dans Middlesex pour la Compagnie des comédiens appartenant à lord Amiral. Pour l'autre théâtre, étant donné que les serviteurs de lord Chambellan ont fait choix d'une salle de spectacle appelée le Globe, il est entendu que ladite salle, et non une autre, sera autorisée, etc., etc.

Secondement. Etant établi que les théâtres et les comédiens ont moins servi de récréation au peuple par la fréquence de leurs représentations qu'ils ne lui ont fourni quotidiennement l'occasion d'abandonner son travail et de gaspiller son temps, il est ordonné que les deux Compagnies de comédiens désignées ne pourront jouer dans leurs théâtres respectifs que deux fois par semaine et pas plus, et qu'ils s'en abstiendront le jour du sabbat, sous peine d'emprisonnement et d'amende, etc., etc. [1].

1. *Council Register* (22 juin 1600). — Ajoutons qu'en mai 1601 les serviteurs de lord Amiral avaient quitté le Rideau pour le nouveau théâtre appelé la Fortune et que, d'après une lettre adressée par le Conseil privé à « certaines justices de paix du comté de Middlesex », en date du 10 mai 1601, le Rideau continuait de donner des représentations, les lords ignorant quelle compagnie d'acteurs l'occupait.

Voici, suivant T. P. Collier, la date que l'on peut assigner à la construction des principaux théâtres de Londres, au xvi⁰ siècle : le *Théâtre* (*The Theater*), 1570 ; le *Rideau* (*The Curtain*), 1570 ; les *Blackfriars*, 1576 ; les *Whitefriars*, 1576 ; *Newinton Théâtre*, 1580 ; *la Rose*, 1585 ; *l'Espérance* (*The Hope*), 1585 ; *Paris Garden*, 1588 ; *le Globe*, 1594 ; *le Cygne* (*The Swan*), 1595 ; *la Fortune*, 1599.

Il résulta de la mesure que le Globe et le Rideau servirent de refuges aux mécontents. Diverses manifestations s'y produisirent, dirigées contre la censure des sectaires puritains ou motivées par des événements d'une autre catégorie. Bientôt le théâtre devint une sorte de club où tout prenait un sens, la présence des spectateurs comme le débit des comédiens. Essex songea à s'en servir.

Au commencement de l'année 1601, il dépêche au Globe ses meilleurs partisans : Silly, Merrick, lord Monteagle, Charles Price, Jocelyn Price, Henry Cuffe. Ils sont reçus par Shakespeare. Ils lui demandent de la part du comte d'Essex ce qu'il penserait d'une reprise de *Richard II*. Shakespeare comprend. Les faits ont accompli des rapprochements, créé des similitudes. Lorsque Richard dira à Aumerle : « Nous-mêmes, et Bushy et Bagot et Green, nous avons remarqué sa courtoisie envers les gens du peuple », on croira entendre Elisabeth raconter à un Bacon quelconque le départ d'Essex pour l'Irlande. Lorsque Jean de Gand émettra le vœu que Richard ne demeure pas sourd à la triste parole de la mort, ce n'est pas à Richard, mais à Elisabeth que York fera allusion dans sa réponse : « Non, elle est absorbée par les accents flatteurs, par les louanges adressées à sa puissance, par des vers licencieux dont l'harmonie venimeuse trouve toujours ouverte l'oreille de la jeunesse, par le récit des modes de cette superbe Italie dont notre nation, toujours tardive en ses singeries, suit les manières en trébuchant dans une basse imitation ! »

Lorsque Bolingbroke exposera ses griefs contre le roi et qu'il s'écriera : « Si le roi, mon cousin, est roi d'Angleterre, il faut reconnaître que je suis duc de Lancastre ! » le parterre applaudira Essex contre Tudor[1]. Lorsque, dans son camp, à Bristol, Bolingbroke exposera les motifs de ses rancunes : « Moi-même prince par la fortune de ma naissance, proche du roi par le sang, proche de lui par l'affection, jusqu'au jour où vous m'avez fait méconnaître par lui, j'ai dû courber la tête sous ses injures, et exhaler dans les nues étrangères mes soupirs anglais, mangeant le pain de la proscription », les spectateurs croiront voir Essex reprochant leurs trahisons aux Cecils et aux Bacons de la Cour. Bolingbroke disant à Northumberland : « Je suis venu ici pour déposer aux pieds du roi mes armes et ma puissance, pourvu que la révocation de mon bannissement et la restauration de mes terres soient pleinement concédées. Sinon je prendrai avantage de ma force et j'abattrai la poussière de l'île sous des averses de sang, qui pleuvront des blessures des Anglais égorgés », c'est encore Essex réclamant contre l'usurpation de ses privilèges. Le jardinier du château de Langley incisant l'écorce de ses arbres fruitiers de peur que, regorgeant de sève et de sang, ils ne se perdent par excès de richesse, c'est le peuple tentant une saignée parmi les courtisans. La femme de Richard II montrant le chemin qui mène à la Tour, « cette

---

1. Essex descendait de la maison royale d'Angleterre par les femmes.

affreuse tour de Jules-César dont le sein de pierre est la prison assignée par le fier Bolingbroke à son seigneur condamné », c'est la fille d'Henri VIII menaçant le nouvel élu de la populace. Enfin Richard frappé par Exton, n'est-ce point la royauté frappée par les partisans de Jacques? Rien de tout cela n'échappe à Shakespeare. Lui qui naguère était si pressant dans ses lettres, il va plaider contre une reprise dont le danger est évident? Non. Essex pourrait le supposer capable d'un intérêt caché, le soupçonner d'abandon au moment du péril. C'est entendu. On reprendra *Richard II*. A défaut de son bras, Shakespeare prêtera sa parole; à défaut d'épée, son génie — ce glaive. Lui aussi sera du complot.

Quel malheur que la chronique ne nous ait pas conservé ce que l'on appellerait aujourd'hui un « compte rendu » de cette journée. Imaginez-vous le Globe pris d'assaut par les partisans d'Essex, par les amis secrets du roi d'Ecosse, par Moutjoie, lord lieutenant d'Irlande, par les familiers de l'hôtel Drury : Cuffe, sir Charles Davers, Southampton, sir Ferdinando Gorges, sir Christophe Blount, sir John Davies, John Littleton; par les cent vingt barons, chevaliers et gentilshommes de distinction que l'ancien favori se flatte d'avoir sous ses ordres, sans compter les amis ignorés et le peuple. Autour du théâtre, la police de la reine, celle de Bacon, celle de Raleigh, celle de Cecil. Entendez-vous comme les périodes sont soulignées, comme les moindres allusions sont saisies? Supposez-vous l'émotion des comédiens devenus, eux aussi, des conspirateurs, et celle de Shakespeare dont le génie se livre aux bêtes féroces de la politique ! Applaudissez ! Bolingbroke a lancé sa dernière tirade : « Marchez tristement à ma suite, et, honorant mon deuil, suivez en larmes cette bière prématurée ! »

> « March sadly after ; grace my mourning here,
> In weeping after this untimely bier ! »

La reine est à peine remise de l'émotion que lui a causée le récit de cette représentation, quand Essex lui ménage un nouveau coup, le plus terrible de tous. Malgré son âge, Elisabeth n'a pas abdiqué avec sa vanité de femme. Les courtisans le savent si bien qu'ils en abusent. Disgracié, sir Robert Walter Raleigh a écrit à son ami Robert Cecil dans l'espoir qu'il montrera la lettre : « Du moins, lorsque j'étais à portée d'avoir de ses nouvelles dans les deux ou trois jours, ma peine était plus supportable ; mais me voilà précipité dans un abîme de douleur, moi qui étais accoutumé à la voir conduire un coursier comme Alexandre, chasser comme Diane et marcher comme Vénus. Tantôt elle paraissait semblable à une nymphe dont le zéphyr agite les beaux cheveux flottants sur un cou d'albâtre ; tantôt, négligemment assise sous un ombrage frais, on l'eût prise pour une déesse ; quelquefois elle chantait comme un ange ; quelquefois les accords mélodieux de son clavecin surpassaient les prodiges d'Orphée. » Ayant à rendre compte de son entrevue avec Henri IV, sir Henry Sexton a dit à sa souveraine : « Le roi me montre le portrait de sa maîtresse, la belle Gabrielle, et me demande ce que j'en pense. Je lui réponds que, si je pouvais, sans l'offenser, m'expliquer davantage à ce sujet, j'oserais l'assurer que j'avais le portrait d'une maîtresse beaucoup plus belle, et que ce portrait était encore fort au-dessous de la perfection de l'original. — « J'exige de votre amitié pour moi, me dit Henri, que vous me fassiez voir ce portrait, si vous l'avez sur vous. » Je fis d'abord quelques difficultés ; néanmoins il me pressa de manière que je satisfis sa curiosité, mais avec précaution et tenant toujours le portrait dans ma main. Il le considère avec enthousiasme et admiration en convenant que j'avais raison. — « Je me rends ! » s'écria-t-il en protestant qu'il n'avait jamais rien vu de pareil, et il le baisa deux ou trois fois avec respect, mais sans que je m'en désaisisse. A la fin, il m'arrache ce portrait avec une sorte de violence, en me jurant que « je pouvais lui dire adieu, qu'il ne le rendrait pas pour tous les trésors du monde, qu'il n'était rien dans l'univers qu'il ne se crût heureux de sacrifier pour posséder une peinture si précieuse, et il ajoute mille choses passionnées [1] ». Que va faire Essex ? Accuser la Vénus de Raleigh et l'original du portrait tant admiré par Henri IV, de vieillir et d'avoir l'esprit aussi courbé que le corps ! Cette

1. Murden.

fois la mesure est comble. Il lui faut la tête d'Essex. Elle ne tardera pas à l'avoir. Trois jours après la manifestation du Globe, les comtes de Southampton et de Rutland, les lords Sandys, Cromwell et Monteagle, le comte de Bedfort avec environ trois cents gentilhommes, accourent à l'hôtel d'Essex. Essex vient d'être arrêté. Quelques instants après ils le sont à leur tour. Essex et Southampton comparaîtront devant un jury composé de vingt-cinq pairs et présidé par Bucklhurst. A Southampton on fait grâce de la vie. Essex a pour accusateur François Bacon. A peine ce dernier a-t-il parlé que déjà le bourreau tourne le tranchant de la hache du côté de l'ancien favori !

CHAPITRE XXIII

« Marchez tristement à ma suite, et honorant mon deuil, suivez en larmes cette bière prématurée ! » Shakespeare a vu tomber la tête d'Essex. Southampton est en prison. François Bacon s'est à jamais déshonoré en appliquant sa fameuse méthode du matérialisme déguisé. Les courtisans d'Elisabeth travaillent à la déconsidération de l'auteur de *Richard II*, lequel ignore si chez Elisabeth le lettré l'emportera sur le tyran. Le parti puritain grandissant devient une menace continuelle. Cependant les confrères s'entendent et se liguent contre une renommée gênante. Ben Jonson continue ses pamphlets et ne néglige aucun moyen de s'imposer à la scène après avoir osé se poser en rival.

Une immense tristesse s'est emparée de Shakespeare, suivie d'un profond découragement. Il est des heures où la vanité des choses vous apparaît plus cruelle. Où les solitudes de Stradfort, les rives de l'Avon, le plein ciel, le plein air, la grande nature ? Et les tranquilles veillées de famille ? Le père n'est plus, John Shakespeare est mort[1]. Mais la mère vit toujours, et près d'elle sont sa femme Anne; Suzanne, Judith, ses filles; dans les environs, son oncle Henri Shakespeare, le cultivateur de Smitterfield; Agnès Arden, la seconde femme de son aïeul maternel; Alexandre Webbe, frère d'Agnès; les Hill, les Bearley, les Ethyns, tous fermiers ou petits cultivateurs, à la fréquentation desquels il gagnerait tant de calme

---

1. John Shakespeare est mort le 1er septembre 1601. Détail généralement ignoré, deux ans avant sa mort, grisé par la gloire répandue sur son nom, il avait eu l'idée d'évoquer une noblesse oubliée, et le brevet suivant lui fut envoyé:

« A tous et à chacun, nobles et gentilshommes de tous états et degrés portant des armes, sous les yeux de qui tomberont ces lignes, William Dethick, premier héraut d'armes d'Angleterre et William Camden, alias Clarencieulx, héraut d'armes pour le sud, l'est et l'ouest de ce royaume, envoient le salut. Vous savez que dans toutes nations et royaumes la renommée et le souvenir de tous les hauts faits et vertueuses dispositions des hommes illustres ont été répandus et divulgués par certains écussons et signes de chevalerie dont le témoignage nous appartient en vertu de l'office que nous tenons de sa très excellente Majesté la reine. Etant sollicités et informés, par d'indiscutables témoignages, que John Shakespeare de Stratfort-sur-Avon, dans le comté de Warwick, gentilhomme, dont le grand-père pour sa fidélité et services rendus au roi Henri VII, de fameuse mémoire, fut récompensé par des dons de terres et d'habitations, à lui donnés dans la partie du Warwickshire où il a fait bonne et honorable souche; étant informé que le susdit John Shakespeare a épousé la fille d'un des héritiers de Robert Arden de Wellingcote, dans la susdite contrée et produit ses anciens titres, à lui assignés quand il était officier de Sa Majesté et bailli de cette ville; en considération de ces prémisses, et pour encourager sa postérité, qui, sans enfreindre la loi, peut hériter des blasons et armoiries maternels, nous le Héraut d'armes et Clarencieulx décidons par la présente que le dit John Shakespeare et *sa postérité* porteront comme blason : dans un champ d'or, sur une bande de sable une lance en premier, la pointe en haut, d'argent, et pour cimier ou insigne : Un faucon avec les ailes déployées, se tenant sur une guirlande à ses couleurs, supportant une lance à la tête armée, et fixé sur un heaume avec manteau et glands (1599).

et tant d'oubli ! Ses ressources lui permettraient de jouir un peu de la vie. Il vient d'acheter, auprès de Stratford, pour vingt livres sterlings, un lopin de terre dont son frère Gilbert a pris possession. Ce serait l'indépendance, le repos, la joie !

Il va reprendre la route du pays natal. Elisabeth le fait mander. Shakespeare suppose que la reine veut des explications sur sa correspondance avec Essex, sur son amitié pour Southampton, sur la reprise de *Richard II*. Durant la route qui conduit au palais, le poète prépare un discours à sa souveraine. Il proclamera bien haut les sympathies qu'il entretenait pour le décapité ; il récitera ses principaux sonnets à Henry Wriothesly, comte de Southampton et baron de Tickfield. Il lui démontrera la traîtrise de François Bacon. Si la reine s'offense, il offrira sa tête. Il arrive, on l'introduit. La reine lui dit simplement :

— Je m'ennuie. Ressuscitez donc Falstaff.

A ceux qui pourraient s'étonner que tant de décision se soit tournée en obéissance, il faut rappeler que Shakespeare avait à sauvegarder la position de Burbadge, par lui légèrement compromise, les intérêts des commanditaires du Globe et l'avenir de ses camarades. Il faut rappeler encore quel était le prestige d'une reine qui, avant de se mettre à table, exigeait que deux gentilshommes étalassent la nappe après s'être agenouillés trois fois, que deux autres déposassent le pain et le sel avec les mêmes cérémonies et qu'une comtesse vierge apportât le « couteau à goûter ». Il faut rappeler encore qu'il y a quinze jours, comme elle venait de supprimer les monopoles, les membres des communes demandaient la faveur de se précipiter à ses genoux jusqu'à ce qu'elle leur ordonnât de se relever[1]. Shakespeare ne pouvait refuser. Il promit. La Postérité lui en tiendra compte, puisque d'une haleine il devait écrire *les Joyeuses Commères de Windsor;* puis successivement un *Henri VIII* inspiré d'un poème intitulé *la Vie et la Mort du cardinal Thomas Wolsey,* et enfin *Troïlus et Cressida.* Aussi bien la reine porte en elle-même le châtiment de son crime. Un événement va bientôt accroître ses remords au point que leurs aiguillons deviendront mortels. Après le retour d'Essex de l'expédition de Cadix, la reine lui avait donné une bague, l'assurant que quelque disgrâce qu'il pût encourir de sa part, le seul aspect de cette bague la désarmerait aussitôt. Essex s'étant rappelé ce pacte après sa condamnation à mort confia la bague à la duchesse de Nottingham, en la priant de la porter à la reine, et la duchesse s'apprêtait à remplir sa mission quand elle en fut empêchée par son époux, ennemi déclaré du favori. Essex exécuté, la duchesse tomba malade. Sentant approcher sa fin, le remords de son infi-

---

1. Personne ne parlait à Elisabeth sans se mettre à genoux. De temps en temps elle faisait relever le visiteur en agitant la main. Partout où elle tournait les regards, chacun s'agenouillait. Lors même qu'Elisabeth était absente, ceux qui étaient à sa table, quoique ce fussent des personnes de qualité, n'en approchaient ou ne la quittaient pas sans s'être agenouillés, et cela trois fois (Hume).

délité la trouble, elle fait appeler la reine et lui révèle le fatal secret en implorant sa clémence. A partir de ce moment Elisabeth est la proie d'une mélancolie profonde. Elle passe ses jours et ses nuits étendue sur un sofa, appuyée sur des coussins que ses femmes lui apportent. Enfin sa voix s'éteint, ses sens s'affaiblissent, et elle expire, dans la soixante-dixième année de son âge et la quarante-cinquième de son règne.

Essex est vengé. Southampton redevient libre. La couronne d'Angleterre passe, sans la moindre secousse, de la maison de Tudor à celle de Stuart.

CHAPITRE XXIV

Auteurs et comédiens n'avaient rien à craindre de Jacques Ier. On le savait amant des lettres. On n'ignorait pas qu'en diverses circonstances il avait prouvé son inclination pour le théâtre. En 1599, des comédiens anglais étant venus à Edimbourg, son premier soin avait été de leur octroyer la licence royale en dépit du clergé, qui, en chaire, ne cessait de déblatérer contre les gens de théâtre[1].

Les circonstances ne démentirent point les prévisions. Lors de son avènement, les Compagnies ayant cru, par déférence, devoir cesser leurs représentations jusqu'à ce qu'une nouvelle autorisation leur fût octroyée, Jacques Ier s'empressa d'accorder la royale licence à la troupe du comte de Worcester; dix jours après, il en accordait une seconde à Laurence Fletcher, William Shakespeare et autres. La licence *pro Fletcher et Villielmo Shakespeare et aliis* porte la date du 19 mai 1603. Fletcher et Shakespeare étaient alors à la tête de la Compagnie de lord Chambellan, qui jouait, l'été, au Globe, et l'hiver, à Blackfriars. Les autres comédiens énumérés dans la susdite licence sont Richard Burbadge, Augus-

1. *History of the church of Scottland.*

tine Philipp, John Hemminge, Henry Condell, William Sly, Robert Armyn et Richard Cowlye, devenus les « Comédiens du Roi ». Ils sont autorisés à jouer des comédies, des tragédies, des histoires, des intermèdes, des moralités, des pastorales et autres « stage plays » dans tout le royaume. Ce document est joint à une note du Sceau privé, conservé à Westminster. Bientôt chaque membre de la famille royale aura sa troupe. Thomas Heywrod, dans son *Histoire générale des Femmes*, mentionne avoir été un des comédiens du comte de Worcester, qui, à l'avènement de Jacques Ier, le « donna » à l'excellente princesse, la reine Anne. Après les comédiens de la reine, installés au Taureau rouge (Red Bull), dans St. John's street, ceux du prince Henry occupant la Fortune dans Golding Lane et le Rideau à Shoreditch. Dans son *Diary*, Henslowe, à la date du 14 mars 1604, constate que Thomas Downton et Edouard Juby étaient à la tête de la « Compagnie des hommes du Prince », qui se composait, outre les deux susnommés, de Thomas Towne, William Byrde, Samuel Rowley, Charles Massy, Humphrey Jeffes, Edward Coldbrande, William Parre, Richard Pryere, William Stratford, Francis Grace et John Shanke. Il convient d'y ajouter le nom d'Edouard Alleyn. Une autre Compagnie est bientôt prise sous la protection de la reine : les anciens Enfants de la Chapelle d'Elisabeth, devenus les Enfants des Divertissements de Sa Majesté (Children of her Majesty's Revels). En effet, le 30 janvier 1603-1604, le Sceau-

privé appointe Edward-Kirkham, Alexandre Haw-
kins, Thomas Kendall et Robert Payne « pour se
munir d'un nombre convenable d'enfants dans le
but de représenter des pièces et autres spectacles
devant la reine ». Quelques mois après ils obtien-
dront la permission de jouer à Blackfriars.

C'est l'âge d'or. Jacques s'est pris pour Shakespeare d'une amitié qui touche à l'admiration. Des
pièces imprimées de notre poète, il fait ses
livres de chevet. A plusieurs reprises, il le convoque et daigne s'entretenir avec lui des littéra-
tures anciennes et modernes. Puis, un jour, il
remarque que Shakespeare est moins zélé. Il l'interroge. Shakespeare fait allusion à Waston, à
Grey, à Broke, qui viennent d'être exécutés. Il
pousse l'audace jusqu'à regretter ouvertement
l'emprisonnement de Raleigh sans se douter du
peu de distance qui sépare le cachot de son pire
ennemi de la place où sera posé son échafaud.
Jacques le renvoie à ses planches, et Shakespeare
se décide à poursuivre son œuvre de justice. Il se
souvient d'une nouvelle de Giraldi Cinthio, déjà
choisie, en 1571, par Georges Whestone, comme
thème à une comédie dédiée à William Fleetwood,
recorder de Londres. Cette nouvelle, il la transforme et l'intitule : *Mesure pour mesure*. Quelle
leçon pour le roi ! Si les humbles de ce monde se
mettent à tonner comme Jehovah lui-même, Jehovah n'aura plus de repos, car le plus petit ministre
lui remplira son ciel de tonnerres ! Ciel miséricor-
dieux, quand tu lances tes éclairs, c'est pour fendre

le chêne et non le myrthe ! Mais l'homme vaniteux, drapé dans sa petite autorité, s'évertue comme un singe en colère à grimacer de façon à faire pleurer les anges. Shakespeare a encore une fois donné le signal de la réaction au théâtre. Durant l'hiver de 1604, les comédiens du roi, enhardis, représentent une pièce dont le sujet n'est autre qu'une récente conspiration. Dans une lettre de John Chamberlaine à sir R. Winwood, en date du 18 décembre 1604, la circonstance est notée en ces termes : « La tragédie de Gowry a été représentée par les comédiens du roi devant un concours exagéré de gens de toutes sortes. Que le sujet ait été mal traité ou qu'il soit jugé inopportun de représenter sur la scène des princes encore vivants, j'ai entendu dire que quelques conseillers auraient été froissés et que la pièce pourrait être interdite. » Elle le fut en effet. Enfin, un an plus tard, une pièce est jouée sous le titre de : *Eastward Ho!* si désobligeante pour l'ancien roi d'Ecosse qu'il devra ordonner l'arrestation des auteurs Chapman et Marston. A l'honneur de Ben Jonson, leur collaborateur anonyme, nous devons ajouter qu'il demanda à partager le sort de ses amis[1]. Le roi, qui le tenait en faveur, fit la sourde oreille. Ben Jonson les accompagna de lui-même en prison. Il s'agissait pourtant de ses oreilles courant risque d'être coupées. Les trois auteurs furent bientôt remis en liberté, et la mère de Ben Jonson, s'étant trouvée

____

1. *Memoirs* of Ben Jonson.

quelques jours après à une fête donnée pour leur délivrance, fête à laquelle assistaient entre autres Cambden et Selden, porta un toast à son fils en jurant que, s'il n'avait été rendu à la liberté, elle était décidée à s'empoisonner.

Cependant le goût de Jacques pour le théâtre était si sérieux que de tels précédents ne devaient pas l'atténuer. Dans la librairie de la Société des Antiquaires existe un manuscrit démontrant l'extension continue de l' « Etablissement musical et dramatique ».

CHAPITRE XXV

Jacques Ier ne tint pas rancune à Shakespeare. Il le rappela à la Cour et, son œuvre accomplie, Shakespeare y retourna.

A cette époque, dans l'entourage de la reine Anne de Danemark, vivait un nommé John Florio dont le nom a déjà été présenté dans le cours de cette étude. Les biographes le font naître en 1553, d'après une inscription accompagnant son portrait datant de 1611. Son père, Michael Angelo Florio, protestant florentin, d'une famille originaire de Sienne, s'était fixé en Angleterre un peu avant le règne d'Edouard VI, afin d'échapper aux persécutions qui avaient lieu dans la Valteline. En 1550, nous trouvons Angelo Florio prêchant à Londres, dans une congrégation italienne. Quelques années après, sir William Cecil et l'archevêque Cranmer, ses protecteurs, lui interdisent le prêche pour cause d'immoralité. Michael Angelo Florio s'improvise professeur d'italien, comme il résulte d'un de ses manuscrits déposés à l'Université de Cambridge, et entre au service de William Herbert, premier comte de Pembroke. Il écrit divers ouvrages. Sa réputation s'établit. Angelo Florio touchait à la popularité quand naquit John, qui fit ses études à Oxford, devint professeur de langues et fut attaché à Emmanuel, fils de Robert Banes, évêque de Durham. En 1581, John Fleurio est inscrit au collège de Magdalen, comme professeur et instructeur. Il dédie ses *Premiers Fruits* à Leicester, public de l'italien Ramuzio une traduction, qu'il met sous la protection d'Edmond Bray, haut sheriff d'Oxfords'hire, comme il mettra, deux ans plus tard, sous celle de sir Edward Dyer, une collection de proverbes italiens qui feront sensation. En 1591, il fait paraître les *Seconds Fruits* avec l'apologie de Spenser. A la même date il s'assure la haute protection de Southampton. A partir de ce moment, sa notoriété est définitivement assise. A Londres, il vit dans l'intimité des principaux chefs du mouvement littéraire. Il dédie un dictionnaire italien-anglais à Roger, comte de Rutland, à Southampton, et à Lucy, comtesse de Rutland. Il s'intitule lui-même John Florio, le *Résolu*. Il part en campagne contre un certain H. S., qui s'est permis d'attaquer des sonnets signés de quelques-uns de ses meilleurs amis. Hunter laisse entendre que ce H. S. ne serait autre que Henry Salisbury, l'auteur d'un dictionnaire Welche et le protégé du comte de Pembroke. Enfin il traduit les *Essais* de Montaigne, et, le jour de leur publication, il est nommé lecteur d'italien auprès de la reine Anne de Danemark, femme de Jacques Ier, aux appointements de 100 livres par an.

Philarète Chasles, dans son étude magistrale sur l'*Angleterre au* XVIe *siècle*, nous donne de curieux détails à propos de cette traduction. Il paraît que, pour la lancer, Florio eut recours « à deux ou trois charlatanismes » qui fixèrent l'attention sur son œuvre. A Samuel Daniel, le poète à la mode, il commanda des vers[1] ; à Martin Droelshout, un graveur de renom, une image symbolique. « Une perspective singulière de ruines antiques, de temples brisés, d'escaliers tournoyants et furtifs, d'édifices jetés sans ordre et non sans grâce, et attirant le regard par des obscurités volontaires et un piquant désordre, lui semble le naturel et vif symbole de cette méthode ondoyante dont Montaigne avait fait usage. »

Shakespeare ne pouvait manquer de se rencontrer avec John Florio. Tous deux se connaissaient déjà. Shakespeare pour s'être servi de Florio dans diverses créations et avoir poussé la satire au point de le livrer aux plaisanteries de ses clowns ; Florio, pour n'être pas demeuré insensible aux quolibets de l'auteur de *Peines d'amour perdues*. Mais John Florio a du sang italien dans les veines ; il n'est point homme à tourner le dos à un poète célèbre contre lequel toute lutte serait d'ailleurs inégale. Il va au-devant de lui et lui fait présent de sa traduction des *Essais* de Montaigne.

D'après Philarète Chasles, la transformation

---

1. « Deux ou trois de ces vers, donneront une idée de son mérite comme penseur et comme écrivain :

    ... The better world of men
    Whos spirits are of one communitie,
    Whom neither Ocean, desarts, rocks nor sands
    Can Keepe from th'intertraffike of the mindes »

opérée dans le génie de Shakespeare, à partir de cette année 1603, tiendrait à la lecture de Montaigne, dans la traduction de Florio, et aussi de Plutarque dans la traduction de North. M. A. Mézières, auquel nous sommes redevables de remarquables études sur notre poète [1], partage l'opinion de Philarète Chasles. Nombre de commentateurs s'y sont ralliés. Nous nous permettrons de n'être pas de leur avis.

En ce qui concerne Plutarque, nous ferons observer que la traduction de North d'après Amyot ne put être une révélation ni pour Shakespeare ni pour ses devanciers. Nous avons déjà eu l'occasion de rappeler que bien avant Shakespeare presque tous les grands historiens de la Grèce et de Rome avaient été rendus accessibles aux lecteurs anglais. Dès l'année 1537 nous voyons un intermède intitulé *Thersite* emprunté aux légendes de l'antiquité classique ; *Cambyse*, joué au commencement du règne d'Elisabeth, est une pièce classique. Classiques encore *Appius et Virginie*, *Jules César* (1562), le *Gosboduc* de Thomas Sackville, *Oreste*, *Iphigénie*, *Ajax et Ulysse*, *Narcisse*, *Alcméon*, *Quintus Fabius*, *Mucius Scœvola*, *Persée* et *Andromède*, et le *Jugement de Paris* donné par Georges Peele en 1584. En 1586, Thomas Lodge n'avait-il pas tiré une tragédie des vies de Marius et de Sylla par Plutarque ? Lyly ne s'est-il pas inspiré des Clas-

---

1. *Prédécesseurs et contemporains de Shakespeare* (Hachette). *Shakespeare, ses œuvres et ses critiques* (Id.).

siques en produisant *Galathée, Endymion, Midas, Alexandre et Campaspe* ? Thomas Kyd en faisant paraître *Pompée le Grand* (1594). Et Daniel avec sa *Cléopâtre* et son *Philotas* ? Et la comtesse de Pembroke, mère de Philippe Sydney, avec sa traduction de l'*Antoine* de Garnier ? Le classique ? mais il est partout ! Sydney, dans sa *Défense de la poésie* avait cité Musée, Homère, Hésiode, Linus, Amphion, Orphée, Ennius et Livius Andronicus, en même temps que Dante, Boccace, Pétrarque, Gower et Chancer. Croyez-vous qu'au club de la Sirène les classiques n'aient pas été en jeu dans ces tournois de taverne dont Thomas Fuller nous a laissé une si vivante esquisse ? « Nombreux étaient les combats d'esprit entre Ben Jonson et Shakespeare. J'aime à me les représenter tous deux, l'un comme un grand galion espagnol, l'autre comme une frégate anglaise. Maître Jonson, comme le galion, était exhaussé en savoir, solide, mais lent dans ses évolutions. Shakespeare, comme la frégate, moindre pour la masse, mais plus léger voilier, pouvait tourner à toute marée, virer de bord et tirer avantage de tous les vents par la promptitude de son esprit et de son invention. » Dans les œuvres de Shakespeare, représentées avant 1603, ne trouvons-nous pas une preuve, combien il était familiarisé avec les classiques ? Rappelez-vous le passage d'*Hamlet* où il est fait allusion aux *unités* et aux pièces *régulières :* « Les acteurs sont ici, Monseigneur, les meilleurs acteurs du monde pour la tragédie, la comédie, le drame historique, la pastorale comique, l'histoire pastorale, la tragédie historique, la tragi-comédie, les pièces avec unités et les pièces sans règles. Sénèque ne peut être trop lourd, ni Plaute trop léger pour eux ; pour le *genre régulier*, comme pour le *genre libre*, ils n'ont pas leurs pareils. »

Non, Plutarque, le Plutarque de Thomas North, n'a pas eu d'influence sur la seconde manière de Shakespeare. Ce qui autorise la supposition, ce sont les emprunts de notre poète à la traduction de North, faits si aveuglément qu'ils contiennent jusqu'aux erreurs, jusqu'aux contresens de la version anglaise. A l'acte III d'*Antoine et Cléopâtre*, Octave dit : « A Cléopâtre, Antoine a donné l'établissement d'Egypte ; puis de la basse Syrie, de Chypre et de la Lydie, il l'a faite reine absolue. » Lydie est une faute, c'est Lybie qu'il fallait dire. Or la faute se trouve dans Amyot et dans North. Au IV° acte de la même tragédie, Octave s'écrie : « Il me provoque à un combat singulier, César contre Antoine. Que le vieux ruffian sache que j'ai *beaucoup d'autres moyens de mourir* et qu'en attendant je me moque de son défi. » « J'ai beaucoup d'autres moyens de mourir » est un contresens commis par North. Dans *Jules César*, à l'acte III, Antoine, lisant le testament de César, dit au peuple : « En outre, il vous a légué tous ses jardins, ses bosquets réservés, ses vergers récemment plantés *en deçà* du Tibre. » Plutarque a écrit *au delà*. Shakespeares s'est trompé avec North, qui s'était trompé avec Amyot. Cela prouve que Shakespeare a lu Plutarque dans la traduction de North, voilà tout, et non que Plutarque ait changé sa façon de concevoir l'humanité et de la rendre.

Ce que nous venons de dire pour Plutarque, il faut le recommencer pour Montaigne. Que Shakespeare ait été vivement frappé par les idées philosophiques et sociales renfermées dans les *Essais*, par les rapports existant entre l'intolérance des sectes en Angleterre et celle des partis en France, par les points de contact entre sa philosophie et celle du moraliste français, cela est indubitable. Mais de là à prétendre que, vus à travers une traduction (et quelle traduction ! celle du Florio dont il s'est tant amusé dans *Peines d'amour perdues*), c'est-à-dire perdant une partie du charme de la langue initiale, les *Essais* aient eu tant d'influence sur le grand Will, il y a loin, et il faut surtout y voir l'amour des paradoxes littéraires. Sans doute nous retrouverons dans les pièces prochaines de Shakespeare des emprunts à Montaigne, comme dans les œuvres antérieures à l'année 1603 des emprunts à Plutarque. A la scène première de l'acte II de *la Tempête*, l'imitation du chapitre des *Cannibales* (livre Ier, chapitre xxx) est flagrante. « Il me semble, dit Montaigne, que la vraie utopie se trouve chez les sauvages des antipodes : là il n'y a aulcune espèce de traficque, nulle cognoissance de lettres, nulle science des nombres, nul nom de magistrat ny de supériorité politique, nul usage de service, de richesse ou de pauvreté, nuls contracts, nulles successions, nuls partages, nulles occupations qu'oisyfves, nul respect de parenté que commun, nuls vestements, nulle agriculture, nul métal, nul usage de vin ou de bled ; les paroles mêsmes qui signifient le mensonge, la trahison, la dissimulation, l'avarice, l'envie, la détraction, le pardon, inouyes ! « etc. » « Dans ma république, dira Gonzalès à Alonzo, je ferai au rebours toute chose, aucune espèce de trafic ne sera permise par moi. Nul nom de magistrat, nulle connaissance des lettres, ni richesse ni pauvreté, nul usage de service, nul contrat, nulle succession : pas de borne, pas d'enclos, pas de champ labouré. Nul usage de métal, de blé, de vin ni d'huile. Point de souveraineté... » Faut-il en conclure que la lecture de Montaigne ait transformé le génie de Shakespeare ? Alors il l'a été par l'Arioste, traduction d'Harrington ; par Boccace, traduction de Painter ; par Plaute, par Luigi da Porto, par Fiorentino et nombre d'inspirateurs déjà cités. Non. La transformation du génie de Shakespeare, il faut l'attribuer à l'âge, à l'expérience, aux événements ; aux événements surtout qui, après avoir mûri sa pensée, devaient lui donner un nouvel essor.

CHAPITRE XXVI

Cet essor, — que ne gêneront pas des attributions absorbantes, car Shakespeare n'est plus comédien, — nous le constatons dans *le Conte d'hiver* (*The Winter's Tale*), où Plutarque et Montaigne n'ont rien à voir, puisque l'idée en fut prise à la *Plaisante histoire de Dorostus et Fannia*, de Robert Greene. Dans la pièce de Shakespeare, Egistus devient Léonte ; Pandosto, Polixène ; Garinter, Maximilius ; Dorastus, Florigel ; Franion, Camillo ; Porrus, le Vieux Berger ; Bellaria, Hermione ; Fannia, Perdita. On voit de combien près Shakespeare a suivi la version de Greene. Cet essor, nous le constatons encore et surtout dans *le Roi Lear*, dont François-Victor Hugo, toujours guidé par l'édition de Tourneisen, nous a donné la genèse et les péripéties. Un certain Walter Mapes, archidiacre d'Oxford, découvre en Armorique un manuscrit qu'il confie au docte Geoffroy Arthur, archidiacre de Monmouth, lequel en fait une traduction, mise plus tard en vers par le trouvère Eustache. Le poème est interprété au XIII° siècle par Robert de Glocester ; au XIV°, par Pierre de Langtoft et Robert Manning; au xv°, par sir John de Mandeville; au xvi°, par Sackville et Spenser. Holinshed ayant inséré la fable galloise en tête de ses annales, elle est reprise par un auteur anonyme qui en compose une pièce intitulée : *The true Chronicle history of King Leir and his three daughters*. Enfin, en 1605, Shakespeare vient avec sa version, laquelle est jouée devant Sa Majesté Jacques Ier. Burbadge y tenait le principal rôle.

Le Roi Lear, c'est la plus admirable ascension qui se puisse concevoir. Je me suis souvent complu à imaginer que, dans l'amour de Lear pour Cordelia, entrait un peu du remords que ressentait Shakespeare d'abandonner si longtemps Suzanna et Judith, qui ont maintenant vingt-deux et vingt et un an, et qu'à lui aussi il tardait de pouvoir leur dire : « Un jour viendra où nous chanterons tous trois comme des oiseaux en cage. Quand vous voudrez ma bénédiction, je me mettrai à genoux, et je vous demanderai pardon. Nous passerons la vie à prier, à chanter, à conter de vieux contes, à rire aux papillons dorés et à entendre de pauvres hères causer des nouvelles de la cour. Entre nous, nous dirons qui perd et qui gagne, qui monte et qui tombe, et nous nous expliquerons le mystère des choses, comme si nous étions les confidents des dieux! »

Excelsior ! Voici *Cymbéline*, inspirée par la lecture d'un livre paré du titre étrange de *Westward for Smelts*, publié à Londres en 1603, et par celle d'une nouvelle de Boccace. Voici *Macbeth*, inspiré par Holinshed, et *la Sorcière* (*The Witch*) de Thomas Middleton[1].

A l'époque où fut écrit *Macbeth*, la croyance en l'enchantement était répandue non seulement parmi le peuple, mais encore et plus peut-être parmi les gens instruits. C'est aux enchantements, à l'intervention du diable que, durant les guerres de religion, les chrétiens attribuèrent leurs défaites. C'est à l'assistance des saints militaires qu'ils imputèrent leurs succès. Sous le règne de la reine Elisabeth eut lieu le fameux procès des sorcières de Warbois, procès qu'au siècle dernier les prêcheurs d'Huntingdon se plaisaient à rappeler. Plus tard, diverses circonstances concourront à propager encore de telles superstitions. On verra Jacques Ier examiner de ses propres yeux une femme accusée de sortilèges; rédiger un important mémoire sur les pratiques et illusions des esprits diaboliques, les assemblées des sorcières, leurs cérémonies, la manière de les présider. On lira sa *Dæmonologie*, dont les courtisans feront partout l'éloge. Le Parlement ne craindra pas de rédiger une loi, d'après laquelle « toute personne usant d'invocations, de conjurations, ou de tout autre procédé diabolique; toute personne surprise à consulter ou à récompenser un méchant esprit pour une entreprise

---

1. La chanson des sorcières :

> Black spirits and white,
> Red spirits and grey;

est tout entière dans la pièce de Middleton.

quelconque ; toute personne convaincue d'avoir évoqué un homme mort ou une femme ou un enfant, ou de s'être servi de sa peau, de ses os, de quelque partie que ce soit de son cadavre, à l'usage de charmes et d'enchantements, etc., etc., sera condamnée à mort ». Voilà donc la doctrine de l'enchantement remise à la mode et par le roi et par son Parlement. Etant nombreux, quand ils sont attendus, les prodiges se multiplièrent outre mesure. On citera bientôt un village du Lancashire, renfermant plus de fantômes que de maisons. Ajoutons que Jésuites et sectaires s'emploieront à propager de pareilles erreurs, la naïveté des gens les rendant plus faciles à conduire.

L'heure était donc favorable à la représentation d'une œuvre reposant sur un enchantement et dont les principales scènes seraient établies par l'assistance d'agents surnaturels. C'est évidemment ce qui décida Shakespeare à composer *Macbeth* et à y observer si scrupuleusement les traditions courantes que la lecture du drame suffirait presque à les faire connaître. Par exemple si la première sorcière commence ainsi :

Une fois le chat moucheté a miaulé...

c'est qu'à Londres fut pendue une sorcière ayant possédé un chat nommé Rutterhyn, qu'elle employait pour ses maléfices et qui, durant des semaines, tourmenta la fille de la comtesse de Rutland.

Si la première sorcière dit encore :

> Crapaud qui, sous la froide pierre
> Dormant trente et un jours et trente et une nuits,
> A amassé un venin qui fermente,
> Bous le premier dans la chaudière enchantée.

C'est que la légende accusait les crapauds d'être de connivence avec les sorcières. Et la conviction en était si bien répandue qu'une société existait dont chaque membre devait tuer au moins cinq crapauds par semaine.

Lisez-le *De Viribus animalium* et le *de Mirabilibus Mundi* d'Albertus Magnus, vous y trouverez l'explication des vers suivants :

> Filet de couleuvre de marais
> Dans le chaudron bous et cuis,
> Œil de salamandre, orteil de grenouille, etc...

La troisième sorcière ordonnant de jeter dans la chaudière le

> Doigt d'un enfant étranglé en naissant
> Et enfanté dans un fossé par une drôlesse,

est celle qu'examina le roi Jacques. Elle avait en effet usé d'un corps mort et s'était servi des doigts pour activer les sortilèges.

On s'explique l'intérêt que Jacques Ier prit à la représentation de *Macbeth*. Certains commentateurs prétendent qu'à cette occasion le roi aurait daigné féliciter l'auteur dans une lettre autographe. Le fait est rapporté dans la préface aux

poèmes de Shakespeare, édition de Lintot, imprimée en 1610. On y dit que la lettre aurait été
perdue, après avoir appartenu à sir William
Davenant, « ainsi que peut en témoigner une personne encore en vie », laquelle personne ne serait
autre que Sheffield, duc de Buckingham. Ce qui
est certain, c'est que la pièce eut un retentissement immense.

Plus on avance dans l'étude du théâtre de Shakespeare, plus on demeure étonné de son insistance à ne développer que des sujets déjà traités,
comme s'il tenait à ne prouver que le sublime et
la délicatesse de sa mise en œuvre. Cette réflexion
nous vient encore à propos de *Jules César*. Dans
son *Ecole de l'abus (Scholl of abuse)* publiée en 1579,
Stephen Gosson mentionne une pièce intitulée :
The History of Cæsar and Pompey. Dans sa *Collection des diverses pièces historiques et curieuses*, Peck
signale une tragédie latine : *Epilogus Cæsaris interfecti, quomodo in scenam prodiit ea res, acta, in
Ecclesia Christi, Oxon. Qui Epilogus a Magistro
Ricardo Eedes, et scriptus et in proscenio ibidem
dictus fuit. A. D.* 1582. Meres cite Eedes comme
le meilleur tragique de son temps. Il existe une
pièce de William Alexander, comte de Sterline,
intitulée *Julius Cæsar*, et tout permet de la supposer antérieure à la tragédie de Shakespeare, car
lord Sterline, à l'époque où il l'écrivit, était très
jeune et se serait bien gardé de choisir un sujet
déjà traité par le plus grand dramatique de l'Angleterre. Un autre *Jules César* est encore men

tionné par Ben Jonson dans *Every Woman in her Humour*. Hâtons-nous de dire qu'il s'agit, cette fois, d'une tragédie jouée par des marionnettes. Il en fut donc de *Jules César* comme il en avait été du *Roi Jean*, de *Richard II*, de *Henri IV*, de *Henri V*, de *Richard III*, du *Roi Lear*, de *Mesure pour mesure*, de *la Mégère apprivoisée*, du *Marchand de Venise*, comme il en sera de *Antoine et Cléopâtre* et de *Timon d'Athènes*.

C'est à la date de *Jules César* qu'il faut enregistrer les débuts de deux nouveaux auteurs, dont la réputation ne devait pas tarder à s'établir : Beaumont et Flechter.

Troisième fils de François Beaumont, juge, Francis Beaumont était né dans le Leicestershire, en 1586, c'est-à-dire l'année même de l'installation définitive de Shakespeare à Londres. Il avait fait ses études au Broadgate Hall d'Oxford et arrivait armé de toutes pièces avec la confiance que donnent vingt et un an[1]. John Flechter, fils de Richard Flechter, évêque de Londres, natif du Northamptonshire, élevé à Cambridge, comptait dix ans de plus que son ami[2]. Tous deux vivaient en frères, à Banckside, près du théâtre. La tradition prétend qu'ils portaient les mêmes habits et qu'à eux deux ils n'avaient qu'un manteau. Shakespeare surveilla leurs débuts, comme il avait surveillé ceux de Ben-Jon-

---

1. Beaumont mourut en 1615. Il fut enterré dans l'église collégiale de Saint-Pierre, à Westminster.
2. Flechter mourut de la peste en 1625 et fut enterré dans l'Eglise de Sainte-Marie-Ovère, Southwarke.

son, avec sa grâce accueillante et son désintéressement. Beaumont et Flechter ne l'en récompen-
sèrent pas de la même façon ; tous deux devaient
lui demeurer fidèles. Ce n'est donc point à leur
ingratitude, mais plutôt à l'instabilité de l'opinion
qu'il faut s'en prendre, si, plus tard, ils portèrent
ombrage à la gloire de leur protecteur, au point
de lui être préférés. « Sous le règne de Charles Ier
et de Charles II, on jouait deux de leurs pièces
contre une de Shakespeare », écrit Dryden dans
son *Essai de la poésie dramatique*. Et Dryden
ajoute : « Le langage de Shakespeare est un peu
suranné ; mais, dans Beaumont et Flechter, la
langue anglaise me paraît arrivée à sa plus haute
perfection. Les mots qui depuis y ont été introduits
sont plutôt superflus que nécessaires. »

Ce que Dryden ne dit pas, M. Ernest Lafond,
dans son excellente étude sur les deux auteurs en
question, le souligne avec beaucoup d'à propos :
nos jumeaux de la poésie s'inspirèrent par la suite
directement de Shakespeare. « Ils semblent, dit
M. Ernest Lafond, se l'être proposés pour modèle
et pour maître, non pas pour le suivre servilement,
mais pour lutter dignement avec lui ; ils prennent
souvent des situations analogues aux siennes pour
mesurer leurs forces à celles du géant. » Il se
pourrait même que *les Deux nobles cousins* eussent
été écrits en collaboration avec Shakespeare. La
pièce, imprimée en 1634, porte le titre suivant : *Les
Deux nobles cousins : représentés à Blackfriars par
les serviteurs de Leurs Majestés, avec grands ap-*

plaudissements du public ; composés par les mémorables écrivains de leur temps, M. John Flechter et M. William Shakespeare, Gentlemen, etc. C'était l'opinion de Coleridge, de Charles Lamb. Ce fut encore celle d'un professeur de l'Université d'Edimbourg : M. William Spalding. En tout cas, ce qui est indiscutable et ce que M. Charles Lafond a fait ressortir avec justesse, c'est que dans *les Deux nobles cousins* le rôle de la fille du geôlier a été inspiré par le personnage d'Ophélie ; c'est que *Valentinien* procède de *Jules César, Rollo,* de *Richard III.* Nous pourrions multiplier les exemples.

Nous avons plusieurs fois fait allusion à *la Sirène,* où se réunissaient les auteurs et les comédiens en vogue. Cette *Sirène,* où Shakespeare a tant fréquenté, nous ne la connaîtrons jamais trop ; aussi ne pouvons-nous résister à l'envie de reproduire ici, d'après M. Ernest Lafond, une épître en vers que Beaumont adressa à Ben Jonson durant les loisirs d'une villégiature :

Le soleil, cette grande consolation des amis séparés par l'absence, parce qu'ils se savent éclairés partout par les mêmes rayons, fait ici mûrir nos foins ; pardonne-moi ce langage campagnard ; je me chauffe à sa brillante chaleur et, couché, je rêve aux vins généreux de *la Sirène.* Hélas ! ici nous n'avons qu'une eau mêlée à la lie d'un vin clairet, plus propre que la bière à faire de nous des hérétiques altérés et bon tout au plus à nous inspirer des sonnets et à farcir notre cervelle de métaphores ampoulées. Une boisson tellement falsifiée que, donnée au plus altéré, le pauvre diable ne l'accepterait pas comme une aumône, à moins qu'il n'eût la gravelle. Je crois une seule gorgée de ce breuvage capable d'annihiler l'intelligence d'un homme ; et

deux verres auraient suffi à faire avorter l'*Iliade* d'Homère.
Ce fade liquide inspirerait à l'esprit de Suteliff, dans quelqu'endroit où il se trouve, des vers plus mauvais encore
que les siens. C'est lorsqu'il en a bu que Robert la Sagesse
écrit ses psaumes nasillards, et c'est lui qui m'inspire cette
épître ; cependant je le regarde comme une potion qui
nous fut envoyée par une providence toute spéciale pour
nous garantir des coups de poings et nous empêcher de
rire quand nous faisons des saluts aux gens titrés. C'est ce
liquide qui tient notre esprit au niveau de notre condition ;
et c'est une excellente médecine pour nous faire rendre
aux magistrats l'obéissance qui leur est due, car nous
vivons ici plus indépendants que vous là-bas. Ici point de
haine, point d'envie de la félicité d'autrui. Nous sommes
tous égaux. Mais, tout considéré, l'esprit se mesure au
morceau de terre que Dieu a donné à chacun. Il est vrai
que les meilleurs et les plus braves de ceux qui m'entourent
avec leurs plaisanteries de vieille date n'auraient pas le
privilège de vous plaire. Nous n'avons pas assez de subtilité
pour toutes les gracieusetés de la ville ; le mensonge, la
haine et la flatterie ! Ici point d'homme qui sache revêtir
des apparences peintes de l'hypocrisie, vous frapper quand
vous avez les yeux fermés et vous plaindre ensuite du coup
que vous avez reçu, point d'homme qui, pareil aux moulins
destinés à moudre le grain, gagne également sa vie par tous
les vents ! Les plus malins peuvent bien équivoquer par ci
par là pour le maquignonnage d'un cheval, mais rien de
plus. Pour moi, il me semble, depuis que je vous ai quittés,
avoir perdu le peu d'esprit que j'avais, car l'esprit est
comme la balle du jeu de paume qui n'est bien reprise que
lorsqu'elle est bien lancée. Que de choses nous avons vues
à la *Sirène* ? Que de conversations si agiles, si pleines d'une
subtile flamme que l'on aurait pu croire que chacun de
nous dépensait tout son esprit dans un bon mot, résolu à
vivre comme un imbécile le restant de sa sotte vie ! Il y
avait de prodigué là assez d'esprit pour en fournir à toute
la ville pendant plus de trois jours, et pour permettre aux
bons bourgeois de parler à l'aventure tant qu'ils duraient.
Lorsque nous quittions la place, nous laissions derrière
nous une atmosphère suffisante à rendre spirituels les gens

qui nous succédaient, tout singes ou niais qu'ils pussent
être. Quand je me rappelle cela et que je vois ici les gentilshommes campagnards applaudir mes plates plaisanteries, je sens presque le besoin de pleurer, et je vois venir
le moment où je chanterai des ballades. J'en suis venu
déjà à faire des énigmes. Je puis chanter des refrains, faire
des équivoques, et j'arriverai, je le crains, à dire tout d'une
haleine, et sans respirer, ces longues kyrielles de mots durs
et embarrassants; mais une pensée de toi me rappelle à
temps que c'est là l'esprit de nos jeunes étourneaux qui
ne savent rien et qui disent tout ce qu'ils savent; leurs
âmes végètent comme les légumes d'un jardin. J'espère
que la sévère destinée qui gouverne le monde réserve à ton
ami un meilleur sort que cette vie de pauvreté et d'exil.
Qu'elle me ramène donc enfin vers toi qui sais m'aplanir et
me rendre doux le chemin du savoir! Et alors moi, qui
n'ai de joie que dans ta compagnie, je proteste que mon
plus grand bonheur sera de reconnaître que tout ce que
j'ai de bon me vient de toi. Ben, lorsque les scènes de ma
comédie seront achevées, nous goûterons au vin. Je boirai à
la santé de ta muse et tu trinqueras avec la mienne.

Ben Jonson y répondit par une épître également
en vers. Il ne lui coûtait pas de flatter quiconque
portait un autre nom que celui de Shakespeare.

Après *Jules César, Antoine et Cléopâtre*, Plutarque prend le dessus. Puis *Timon d'Athènes*,
encore inspiré par Plutarque, et peut-être un
drame antérieur, s'il faut en croire un passage
d'une vieille pièce intitulée: *Jack drum's Enter-
taimnent*, datant de 1601 :

Viens, je serai aussi sociable que Timon d'Athènes.

Puis *Coriolan* — toujours Plutarque. — Puis
Othello.

On a beaucoup discuté les origines d'*Othello*.

Nous en reconnaissons une indubitable : *les Nouvelles de Cynthio*. Il est encore certain que, pour s'entourer de documents, Shakespeare consulta la traduction d'un livre italien par Lewes Lewkenor, publié sous le titre de *The Common wealth and government of Venise*, imprimé en 1599, et, l'*Histoire d'Italie* de Thomas, parue en l'année 1550. Ma première conjecture s'appuie sur le passage où Brabantio s'écrie :

> Get weapons, ho !
> And raise some special officers of night.

« Aux armes ! Appelez les officiers de nuit spéciaux ! » Le rôle des officiers de nuit est déterminé dans le volume de Lewes Lewkenor, et c'est le seul où nous ayons trouvé une allusion à cette fonction. Ma seconde conjecture a cette base que Thomas cite une opinion populaire d'après laquelle le doge de Venise avait une voix d'une rare puissance. « Whereas, many have reported, the duke in ballotyng should have *two voices*. » Rapprochez des vers de Shakespeare :

> And hath, in his effect, a voice potential
> As double as the duke's.

« Il a, par l'influence, une voix aussi puissante que celle du doge. »

Le Dr. Warburton croit reconnaître dans *Othello* une satire concernant un acte de Jacques Ier, en 1611. Voici les deux vers qui motivent son opinion :

> The hearts of old gave hands,
> But our new heraldry is hands, not hearths.

« Autrefois les cœurs donnaient les mains ; dans nos nouveaux blasons, des mains, mais pas de cœurs. » En effet, quelque temps après son avènement, le roi Jacques 1er avait créé la dignité des baronnets, laquelle s'échangeait contre une certaine somme d'argent. Entre autres prérogatives, les baronnets pouvaient ajouter aux armes de leurs ancêtres une main de gueule dans un écusson d'argent. La remarque du Dr. Warburton a son importance, en ce qu'elle préciserait la date de la représentation d'*Othello*, que plusieurs auteurs font remonter à 1599. C'est l'unique raison pour laquelle nous l'avons signalée.

CHAPITRE XXVI

Un poète anglais, qui est mort en gardant l'anonyme, a évoqué, en une jolie prose rehaussée de beaux vers, la nuit qui précéda la naissance de Shakespeare. Un clair de lune hamlétique éclaire la nature. Les étoiles sont à profusion. Un petit vent d'ouest, doux, parfumé, agite à peine les feuilles. Un silence imposant, interrompu de temps en temps par le bruit d'un rat d'eau traversant l'Avon ou les aboiements lointains d'un chien de berger.

A minuit, minuit sonnant, une musique flotte dans les airs, indécise, mais dont les accords deviennent de plus en plus perceptibles. Bientôt, sur cette musique, s'adaptent des voix qui chantent :

> Nous venons du cœur des violettes azurées,
> Nous venons de la clochette des primevères d'or,
> De la fleur odorante de l'aubépine,
> De la primerose qui ploie sous la rosée,
> Du bouton naissant de la rose.
> Nous remplissons l'air de nos voix,
> Comme si le Ciel descendait sur la Terre,
> Plus douces qu'un soupir d'amoureux.
> Nous venons de la pâle fleur du perce-neige,
> Du lit si doux des bruyères,
> Du nid de l'abeille sauvage, de celui de l'alouette des bois,

> De la couche gazonnée
> Où se blottit le levraut,
> Et du terrier où il se cache. Nous venons! nous venons!

Tout à coup, dans la nuit, apparaissent les merveilleuses couleurs d'un arc-en-ciel, celles aussi des fleurs les plus éclatantes qui soient sur la terre. Ces couleurs prennent des formes, des formes de petits êtres extraordinaires dont la tête serait surmontée d'une aigrette brillante, ou d'une fleur bizarre; de petits êtres flottant dans l'atmosphère, et dans toutes les positions imaginables : tantôt plongeant la tête en bas, tantôt suivant parallèlement la terre, tantôt semblant prendre la direction du ciel. Au milieu d'eux, une femme à laquelle s'adressent tous les hommages. Elle est étendue dans un char fait d'une perle creusée et attelé de deux papillons. Sa figure est douce comme la lumière du matin, et sur son front repose une couronne de jasmins enrichie de gouttes de rosée. Une écharpe rose, tissée dans le cocon d'un ver à soie, est nouée sur sa robe couleur de saphir, agrémentée de broderies d'or.

Bientôt, voltigeant de tous les côtés, arrivent d'autres petits êtres, mais d'un aspect plus masculin, vêtus de hauts-de-chausses et de pourpoints, coiffés de toques rehaussées de plumes. Quelques-uns portent au côté une épée de la longueur d'une aiguille. Eux aussi flottent dans l'air, prenant toutes sortes d'attitudes, sauf un, assis dans un char d'or traîné par des demoiselles et escorté d'une garde d'honneur. Sur sa tête a été placée une couronne. A sa gauche est attachée une rapière. Son corps est garanti par un habit de velours brodé d'étoiles. Bientôt les deux assemblées se confondent, des compliments s'échangent :

— Salut à Obéron !

— Salut à Titania !

Obéron saute de son char, s'avance vers Titania, et la conversation s'engage :

— Lumière de ma vie et vie de toute ma joie, s'écrie Obéron, dont les yeux sont pour moi une fontaine de béatitudes où je m'abreuve de boissons plus fraîches et plus douces qu'à la source la plus pure, dis-moi, — car ta fantaisie dissimule toujours quelques projets, — pourquoi tu m'as donné rendez-vous dans cette forêt et ce que tu désires de ma seigneurie.

Et Titania avec une moue charmante :

— Que donnerais-tu pour le savoir ?

— Ce que je donnerais, mon doux cœur ? Il faut que tu aies quelque dessein caché. Sans cela tes joues auraient-elles emprunté des couleurs aussi tendres, tes yeux un éclat aussi vif, ta voix une musique aussi caressante ? Dis-moi ce qui t'amène.

— Je ne te le dirai pas.

— Par pitié, ne parle pas ainsi.

— C'est pourtant ainsi qu'il me plaît de parler.

— Titania, je suis curieux au-delà de tout ce que l'on peut imaginer. Je t'en supplie, dis-moi ton projet, dis-le-moi, sans me faire languir davantage, car, dans mon impatience, je ne saurais supporter la moindre hésitation.

— Honte à toi ! Se moque-t-on ainsi de ma personne? Et crois-tu que les menaces m'intimident? Fais-toi plutôt un devoir de ne me plus quitter, d'épier tous mes mouvements, de saisir mes moindres paroles, et alors nous verrons.

Obéron s'incline en dissimulant sa colère. Tous deux prennent place à un banquet; puis les serviteurs organisent des danses accompagnées par des théorbes, des harpes, des saquebutes et autres instruments. Cependant ceux de la troupe d'Obéron qui ne dansent pas s'amusent à chasser des mulots, à jouer à saute-mouton, en passant par-dessus des grenouilles ou des champignons, tandis que les sylphes se distraient à tresser en couronnes les fleurs les plus délicates de la saison, où à se conter des histoires d'amour.

Les danses terminées, Obéron reprend :

— Titania, je t'en supplie, pour quel motif es-tu venue ici ?

— Tu ne menaces plus?

— Non.

— Alors, réponds. Que donnerais-tu pour le savoir?

— Tout ce dont je puis disposer! J'empêcherai les lutins de la terre de te dérober les trésors que tu as entassés. J'appellerai la plus belle sirène, et je lui ordonnerai de te faire présent de la plus riche perle parmi celles qu'elle dissimule au fond de la mer. Dis seulement un mot, et je vais chercher les brises parfumées du Sud qui portent avec elles le parfum des fleurs les plus rares et des gommes les plus précieuses! Un seul mot, de l'Orient qui étincelle je t'apporte d'incomparables trésors!

— Cela suffit, dit-elle, maintenant écoute. Tu sais ma sympathie pour les enfants de l'Angleterre ; tu sais combien longtemps j'ai cherché une aimable nature nourrie de pensées glorieuses, dans le cœur de laquelle je puisse souffler l'amour de tout ce qui est vrai et bon ; une nature digne de nos soins et à même d'en profiter? Tu sais quelle persévérance j'y ai mise, sans pouvoir y parvenir? Tu sais encore que, dans ce beau pays, il n'est pas de plus jolis endroits que Stratford ; il n'est pas de cours d'eau que je préfère à celui qui l'arrose avec tant de grâce? Là ce ne sont que des âmes honnêtes et simples qui se réunissent autour de la cheminée pour écouter des histoires de fées à l'heure du repos. Ils rêvent alors de musiques, de fleurs, jusqu'à ce que Chanteclair fasse résonner son clairon, signe pour eux d'un travail souvent pénible.

— Je sais tout cela, s'écrie Obéron. Si Puck était ici, il aurait l'occasion de s'amuser aux dépens de tes protégés. Peut-être verrions-nous un bourgeois affamé rêver de festins délicieux et, réveillé, chercher en vain quelque chose à se mettre sous la dent ; ou la femme de quelque colporteur s'imaginant en songe qu'elle est grande dame, tandis que son mari la pousse en lui criant de raccommoder ses hauts-de-chausses.

— Ne me parle pas de Puck! interrompt Titania.
Je le fais fouetter avec des orties, s'il s'aventure
sur leurs toits! Mais continue de m'écouter. Dans
cette ville, une épouse, douée de toutes les vertus,
bonne, généreuse, simple, franche, ménagère et
économe, est sur le point d'être mère. Son enfant,
je le sais, sera un garçon, qui grandira sous mes
yeux et acquérera toutes les qualités dont puisse
être gratifié un mortel. De son esprit je ferai le
réceptacle des plus nobles pensées; je lui apprendrai à lire tous les livres de la nature jusqu'à ce
que sa tête soit une bibliothèque; dans son cœur
j'enfouirai le trésor des affections douces, des
désirs honorables, des aspirations profondes, des
pensées fières, des penchants pour tout ce qui est
beau. Je le conduirai par la main dans les plus
charmants endroits qui soient sur terre; je lui
ferai visiter les champs, les forêts, les vallées, les
cours d'eau, les collines, respirer les fleurs nouvellement écloses, admirer les splendeurs du ciel. Je
caresserai ses oreilles des musiques les plus
délicieuses : murmures de la brise, chuchottements
des arbres, chanson des vagues.

— Voilà un enfant qui ne s'ennuiera pas! observe
Obéron.

— Et je l'abandonnerai à sa fantaisie, car ses
yeux auront la faculté de voir, son cœur celle de
sentir; pour lui, chaque plaisir sera une leçon, et
chaque leçon un plaisir. L'espérance qui console
l'humanité, les craintes, les soucis, les passions,
les joies, la douleur qui tue, l'ambition, la vengeance

qui grince des dents, les hautes échasses avec lesquelles marche l'orgueil, l'amour qui paralyse, l'avarice qui ronge ; il connaîtra tout. Mais à la connaissance du genre humain il s'affinera, comme une lame s'affine à la trempe. Les pierres précieuses qui ornent le firmament lorsque le soir incendie l'horizon, les roses colorations de l'aurore, lui seront autant de thèmes à célébrer. Bref, je veux non seulement qu'il soit l'honneur de Stratford, mais celui de l'Angleterre, de l'Europe, du monde entier !

Obéron met sa main dans celle de Titania ; le jour commence à poindre. L'illusion s'envole pour faire place à deux voyageurs.

— *It be woundy cold o'nights, still dame, for all it be getting so nigh unto the flowery month of Mai !* s'écrie un valet qui porte une lanterne.

C'est le valet de John Shakespeare qui ramène une sage-femme, car Mrs. Shakespeare est en mal de William !

Ce passage me revient à l'esprit chaque fois que je relis *la Tempête*, et je m'imagine que les mêmes petits êtres qui assistèrent à sa naissance devaient entourer Shakespeare quand il écrivit *sa féerie :*

> Nous venons du cœur des violettes azurées,
> Nous venons de la clochette des primevères d'or.

Whilst this roundelay was being sung there appeared moving in the atmosphere, all manner et bright colours.

De chaque côté du poète, Obéron et Titania. Obéron déjà chanté par Greene, dans *Jacques IV*, par Spenser, dans son poème de *la Reine des Fées* ; Obéron déjà évoqué dans le *Roman de Charlemagne*, imprimé par Guttemberg et Faust ; Obéron qui figure déjà dans le roman breton de *la Table Ronde* et dans l'histoire d'Isaïe le Triste, fils de Tristan et Yseult. Titania, la reine des Fées, qui, suivant Jacques Ier, aurait succédé à Diane. Il nous l'apprend dans sa *Démonologie* : « L'esprit que les gentils appelaient Diane et sa cour errante s'appellent parmi nous les Fées. » Obéron voudrait bien pousser le coude du poète, lui souffler un vent de mauvais esprit dans les cheveux ; mais Titania veille, comme elle veillait jadis.

Va-t'en tuer les vers dans les boutons de rose, guerroyer avec les chauves-souris pour avoir la peau de leurs ailes, ou chasser le hibou criard. Cependant je décrirai des cercles autour de mon Will, et je lui ferai une couronne de primevères tachées de rubis. Et Philomèle avec sa mélodie accompagnera ma chanson : Lulla, Lulla, Lullaby ! Lulla ! Lulla ! Lullaby !

Et Shakespeare continuera d'écrire cette œuvre d'un penseur qui, pour me servir des termes de Philarète Chasles, a vu les révolutions des empires et les a jugées. Deux éléments de la destinée humaine vont se trouver en lutte, l'ambition et le savoir ; d'une part, les penchants bas, envieux, l'amour de l'or, là soif du pouvoir, sensualité, fausseté, servilité, ignorance, tout ce qui courbe nos fronts vers la terre et nous assimile aux bêtes; d'une autre, l'étude patiente qui dompte la nature, l'amour dans deux âmes innocentes, la générosité qui pardonne, le charme de la musique, l'enthousiasme de la piété et de la solitude, tout ce qui élève l'homme et l'épure.

Steevens, dont nous avons déjà eu l'occasion de citer le nom et qui fut un des plus zélés commentateurs de Shakespeare, déplore de n'avoir pas été assez heureux pour découvrir dans quelle nouvelle Shakespeare a bien pu puiser le sujet de *la Tempête*. Et, à ce propos, il nous signale un nouveau trait de Ben Jonson dont la haine ne désarmera pas. Dans son introduction à *Bartholomeo Fair* : « Ne crains pas, dit-il, de qualifier *la Tempête* du nom de *drollerie*. » Th. Warton tient d'un Mr. Collins de Chischester, que *la Tempête* aurait été inspirée par une nouvelle intitulée : *Aurelio and Isabella*, imprimée en italien, en espagnol, en français et en anglais, en l'année 1588. « Mais, ajoute-t-il, Mr. Collins étant à ce moment privé de mémoire (*his memory failing in his last calamitous indisposition*), tout permet de supposer que le titre de la nouvelle est erroné. Cependant je me souviens d'un fait qui pourrait aider le commentateur. D'après Mr. Collins, le principal personnage de la nouvelle répondant au Prospero de Shakespeare était un nécromancien chimiste ayant fait avec Ariel un pacte d'obéissance. » M. François-Victor Hugo a mis la main sur un autre critique, Mr. Thoms, qui croit connaître la vérité. Dans un intéressant ouvrage, — c'est M. François Hugo qui parle. — M. Thoms analyse, d'après Tieck, un certain nombre de pièces de théâtre représentées en Allemagne, au commencement du xvii° siècle, et traduites de l'anglais par un certain Jacob Ayrer, notaire de Nuremberg. Une de ces pièces, intitulée *la Belle Sidée*, offrant de nombreuses analogies avec *la Tempête*, M. Thoms en conclut que la comédie de Shakespeare et celle d'Ayrer sont toutes deux l'imitation d'un ouvrage antérieur. Pour qui désirerait connaître la dissertation, nous renvoyons le lecteur aux notes accompagnant la traduction de M. François-Victor Hugo. Elle est ingénieuse, mais ne prouve pas grand'chose.

M. A. Mézières a-t-il été plus heureux en affirmant que c'est le récit d'un voyage célèbre qui aurait fourni l'idée première de *la Tempête* à Shakespeare. Il s'agit de la *Découverte des Bermudes*, autrement appelées îles du Diable, par George Sommers. Nous ne le croyons pas.

Et nous aimons à nous persuader que, cette fois, Shakespeare a tiré la pièce entière de son cerveau sans avoir recours à aucune antériorité.

CHAPITRE XXVII

« Maintenant, dit Prospero, à la fin de *la Tempête*, tous mes charmes sont détruits. Je suis réduit à mes propres forces, je n'ai plus que la mienne, et elle est bien peu de chose. A présent, c'est vrai, vous êtes maîtres de me confiner ici ou de m'envoyer à Naples. Oh ! puisque j'ai repris mon duché et pardonné au traître, ne me retenez pas sous le charme dans cette île nue ; mais délivrez-moi de mes liens à l'aide de vos mains complaisantes. Il faut que vos murmures favorables emplissent mes voiles, sinon mon projet, fait pour plaire, est manqué... Je n'ai plus maintenant d'esprit pour dominer, d'œil pour enchanter, et ma fin sera le désespoir, si je ne suis sauvé par la prière qui, en perçant des cœurs, prend d'assaut la pitié même et relâche toutes les fautes. Pour que vos péchés vous soient pardonnés, puisse votre indulgence m'absoudre.

Et il me semble voir comme un adieu dans cette tirade, un adieu à l'art et à la vie.

Ce fut, en effet, après la représentation de *la Tempête* que Shakespeare songea à quitter Londres et à revenir définitivement à Stratford. Sa situation s'était suffisamment améliorée. Examinons-la. En 1605, après avoir entrepris une affaire lucrative, il achète pour 440 livres plusieurs parts d'un bail de quatre-vingt-douze ans sur les dîmes de Stratford, Old Stratford, Bishopton et Welcombe. Quelques mois après il devient fermier des dîmes en question, ce qui lui assure un revenu annuel de 60 livres. L'année suivante, nous le voyons poursuivre un certain John Clayton, qui lui doit 7 livres, puis un Philippe Rogers, avec lequel il a été en affaire pour la vente de plusieurs boisseaux de drêches et dont il est le créancier pour 1 livre 15 shillings, 10 pences, ce qui suppose moins de désintéressement qu'on serait en droit d'en attendre d'un poète. En 1606, il entame un long procès contre John Addenbroke, qui est condamné à lui payer 6 livres. En 1608, il perd sa mère, qui, selon toute vraisemblance, doit lui laisser quelque chose. En 1610, il achète 20 acres de pâturages; il se rend acquéreur de New Place avec ses dépendances, puis d'autres maisons sises à Stratford. A Londres, il devient propriétaire d'un immeuble sis dans Blackfriars.

D'autres raisons que le besoin de se reposer le décidaient à partir. L'opposition faite à son génie s'accroissant tous les jours, la lutte commence de lui répugner. En outre la malignité s'est emparée d'un scandale ; sa fille Suzanna, qui a épousé le Dr Hall, a été faussement accusée d'adultère avec un nommé Ralph Smith, et le Dr Hall a dû poursuivre devant la Cour Ecclésiastique de Worcester les calomniateurs qui, grâce à l'éloquente plaidoirie d'un ami personnel de Shakespeare, avocat Whatcot, ont d'ailleurs été condamnés à l'excommunication. Mais Shakespeare n'y a pas moins vu une nouvelle preuve de la méchanceté des hommes. Enfin une voix irrésistible lui criait : Reviens à tes champs, à tes blés, à tes montagnes, à tes rives bordées de pivoines et de lis, semés par avril, afin que les nymphes puissent se parer de chastes couronnes; reviens à tes vignes enlacées aux échalas, à tes bosquets de genêts dont l'ombre est aimée du bachelier sans maîtresse!

Le voilà donc de retour près de cet Avon qu'il a tant aimé, et dont il quittait les bords il y a vingt-six ans. Le voilà au milieu de sa famille. Mrs. Shakespeare tiendra peu de place dans son existence; mais il a les caresses de sa fille Judith, de Suzanna Hall, qui fait de fréquentes apparitions dans la demeure paternelle, et de sa petite-fille Elisabeth. Sa sœur Jeanne demeure à deux pas. Elle a épousé un chapelier de Stratford, dont elle a une nombreuse lignée. Le voilà au milieu de ses amis : Thomas Combe, Thomas Russel, Francis Collins, Hamnet Ledler, le parrain du regretté Hamnet, William Reynolds, Antony Nash, John Nash, Julius Shaw, John Robinson, sans compter ceux que nous avons déjà nommés, sans compter encore Burbadge, Héminge et Condell, qui feront de fréquentes apparitions à Stratford. Et l'excellent John Combe! un brave homme légèrement original, pas mal avare et quelque peu usurier, mais qui amuse Shakespeare par certains côtés de son caractère. Mr. Combe est encore poète. Il a promis à Shakespeare de composer une épitaphe en son honneur, à la condition que, si Shakespeare lui survivait, ce serait lui qui écrirait des vers sur sa tombe. Shakespeare, pour ne pas le faire attendre, a improvisé un quatrain :

> Dix pour cent gisent ici [1].
> Gageons cent contre dix que son âme n'est pas sauvée.
> Si quelqu'un demande qui renferme cette tombe :
> Oh ! oh ! répond le diable, c'est mon John Combe.

Et Mr. Combe est mort le premier.

Admirez les décrets de la Providence. Tout laisse supposer que le quatrain de Mr. Combe n'aurait pas augmenté de beaucoup la réputation de Shakespeare, tandis que l'épitaphe de ce dernier devait assurer l'immortalité à Mr. Combe.

Dans sa quiétude, Shakespeare mesure le chemin parcouru depuis le jour où, chez Davenant, il devisait avec son futur Armado, jusqu'à celui où tout Londres a applaudi *la Tempête*. Il peut évoquer vingt-six années, durant lesquelles il a vu graviter autour de lui tout ce que la capitale de l'Angleterre comptait de princes, de favoris et de grands artistes. Durant cette récapitulation, son cœur saignera peut-être au souvenir d'Essex, à celui de Southampton, dont il est éloigné pour toujours, peut-être encore à celui de l'ingrate inspi-

---

1.   « Ten in the hundred lies here ingrav'd ;
       'Tis a hundred to ten his soul is not sav'd :
       If any man ask, who lies in this tomb !
       Oh ! ho ! quoth the devil, 'tis my John-a-Combe ! ! ! »

ratrice des sonnets ; mais la brise de Stratford emportera tout cela, et aussi le courant de l'Avon, et aussi l'air que déplacent au vol les sylphes des collines, des ruisseaux et des étangs.

Un jour, pourtant, l'artiste reprendra le dessus. On s'est permis de modifier le titre de ses pièces, comme pour empêcher la postérité de s'y reconnaître. *Henri IV* s'appelle *Hotspur ; les Joyeuses Commères* sont intitulées : *Sir John Falstaff ;* on annonce *Beaucoup de bruit pour rien*, sous la dénomination de *Bénédick et Béatrix, Jules César* sous celle de la *Tragédie de César*. Pour distraire l'électeur palatin et la princesse Elisabeth, le roi Jacques, désireux de montrer la magnificence d'un couronnement, a commandé une représentation de *Henri VIII*, et *Henri VIII* est devenu : *Tout est vrai (All is true)*. Non seulement on a altéré le titre d'*Henri VIII*, mais on a touché au texte du drame, on a ajouté un Prologue et un Epilogue ; enfin on a complètement modifié la mise en scène sous prétexte de l'enrichir. Maintenant, au moment où Henri arrive à Whitehall, on tire des pièces d'artillerie ! Et à qui a-t-on confié le soin de retoucher Shakespeare ? A Ben Jonson ! Au plus vindicatif de ses confrères, au plus jaloux de ses rivaux ! La mesure est comble, Shakespeare partira pour Londres. Il ira chez Burbadge, chez le maître des divertissements. Il demandera audience au roi. A peine a-t-il dépassé les limites de Stratford, il rencontre un courrier. La nouvelle qu'il apporte est grave. Le sort s'est chargé de venger l'auteur d'*Henri VIII*. Le Globe vient d'être la proie des flammes[1].

Là où nous ne voyons qu'une justice, Shakespeare verra un désastre. Il songe à Burbadge, que le sinistre doit laisser dans une situation difficile. Il rebrousse chemin, retourne à Stratfort, prend un manuscrit dont l'encre est à peine séchée, celui d'une pièce inspirée par les *Histoires tragiques* de Belleforest, *les Eglogues* de Barnaly Gooze, et intitulée : *la Douzième Nuit* (*The Twelfth Night*). Il le remet au courrier et le fait suivre d'une lettre à Burbadge.

1. A propos de cet incendie, Ben Jonson, qui y était, écrivit une pièce intitulée *Execration upon Vulcan*.

> Well fare the wise men get on the Bankside
> My friends, the watermen... etc.

CHAPITRE XXVIII

Ce fut le chant du cygne, chant dans lequel notre poète semble avoir mis tout ce que l'Inconnue lui avait laissé d'amour au cœur. Il me plaît de supposer que, sentant venir la fin, il ait eu un dernier souvenir pour la femme au Virginal. « Si musique et poésie s'accordent comme le doivent deux sœurs, lui disait-il, dans l'effarement de la passion, alors nous devons bien nous aimer, toi et moi, car tu aimes l'une et j'aime l'autre. » — « Si la musique est l'aliment de l'amour, soupire le duc au début de *la Douzième Nuit*, forcez toujours. Donnez-m'en à l'excès, que ma passion saturée en soit malade et expire! » Quelle cadence mourante pouvait alors effleurer son oreille, sinon l'écho de la voix qui jadis interprétait Rowand, alors qu'il relisait Spenser? Partout je retrouve la hantise de celle qui faisait dire au monde : « La beauté devait être brune », à la porte de qui Shakespeare aurait tant voulu bâtir une hutte de saule, pour redemander son âme à sa maison. « Je me bâtirais, à votre porte, une hutte de saule, et je redemanderais mon âme à votre maison. J'écrirais de loyales cantilènes sur mon amour dédaigné, et je les chanterais bien haut dans l'ombre de la nuit. » Et l'amour étant frère de la mort, comme il évoque l'un, c'est l'autre qui arrive avec les tristes paroles de la chanson de Feste, cette chanson si vieille et si simple, que chantent les fileuses au soleil, les libres filles qui tissent avec la navette.

> Viens, viens, ô mort,
> Et que je sois couché sous un triste cyprès !
> Envole-toi, mon souffle,
> Je suis tué par la cruauté d'une belle fille.
> Mon linceuil blanc, tout décoré d'if
> Oh ! préparez-le !

Et Shakespeare a reconnu la mort que, dans ses drames, il a si souvent tutoyée. Il a vu maintes fois l'aurore glorieuse caresser les sommets des monts d'un regard souverain, effleurant de sa face d'or les prairies vertes et dorant les pâles rivières par une céleste alchimie; puis, tout à coup, laisser les plus infimes nuages écraser de leur roue hideuse sa figure céleste et, cachant son visage au monde désolé, s'enfuir inaperçue, dans l'ouest, avec cet affront. Ainsi, à l'aube d'une matinée, son soleil a jeté sur son front sa triomphante splendeur. Mais c'est fini, hélas! Il n'a plus qu'une heure[1] !

Et il écrit:

« *Vicissimo quinto die Martii, anno*[2] *Regni Domini nostri Jacobi nunc Regis Angliæ, etc., decimo quarto,*

---

1. Sonnet XXXIII.

2. Ce testament fut écrit en février, bien que portant la date de mars. En effet, le mot février, dans l'original, est surchargé de celui de mars.

et Scotiæ quadragesimo nono. *Anno Domini* 1616.

« Au nom de Dieu, Amen.

« Moi William Shakespeare de Stratford-sur-Avon, dans le comté de Warwick, gentilhomme, en parfaite santé et mémoire (Dieu soit loué !), j'écris et j'arrête mes dernières volontés et mon testament dans la manière et forme suivante, c'est-à-dire :

« *Primo*. Je remets mon âme entre les mains de Dieu, mon créateur, espérant et pensant avec certitude, par les seuls mérites de Jésus-Christ mon Sauveur, être admis à la vie éternelle. Mon corps à la terre dont il est fait.

« *Item*. Je donne et lègue à ma fille Judith cent cinquantes livres de monnaie anglaise légale, qui lui seront payées de la manière et dans la forme suivante : à savoir, cent livres pour solde de sa dot dans l'année qui suivra mon décès, sous la réserve d'une rente de deux shillings par livre qui lui sera payée tout le temps que ladite somme restera non payée après mon décès ; et les cinquante livres restant dès qu'elle aura cédé ou pris, à la satisfaction des exécuteurs de mon testament, l'engagement de livrer ou de céder à ma fille Suzanne Hall et à ses hoirs tous les biens et propriétés qui doivent lui échoir après mon décès, ainsi que tous les droits qu'elle a maintenant sur un tènement et ses dépendances situés dans le susdit bourg de Stratford-sur-Avon, dans ledit comté de Warwick, faisant partie ou relevant du manoir de Rowinston.

« *Item*. Je donne et lègue à ma fille Judith cent cinquante livres de plus, si elle, ou quelque enfant issu de son corps, survit à la fin des trois années qui suivront le jour de la date de ce testament, durant lequel temps mes exécuteurs testamentaires auront à lui payer la rente dudit capital suivant le taux susdit ; et si elle meurt dans ledit terme sans laisser d'enfant issu de son corps, alors telle est ma volonté ; je donne et lègue cent livres prélevées sur ladite somme à ma nièce Elisabeth Hall ; et j'entends que les cinquante livres restant soient placées par mes exécuteurs durant la vie de ma sœur Jeanne Hart et que les intérêts et rente en soient payés à madite sœur Jeanne, et qu'après son décès les cinquante livres susdites restent aux enfants de madite sœur, pour être également partagées entre eux. Mais si madite fille Judith, ou quelque enfant issu de son corps, survit à la fin des trois années susdites, alors telle est ma volonté : j'entends que les cent cinquante livres susdites soient placées par les exécuteurs de ce testament pour le plus grand bénéfice de ma susdite fille et de ses enfants, et que le capital ne lui en soit pas payé aussi longtemps qu'elle sera en puissance de mari ; mais ma volonté est qu'elle en perçoive annuellement les intérêts sa vie durant, et qu'après son décès le susdit capital et les intérêts soient payés à ses enfants, si elle en a, et, si elle n'en a pas, aux exécuteurs de son testament ou à ses mandataires, dans le cas où elle survivrait audit terme après mon décès. Toutefois, si l'époux auquel elle sera mariée à la fin des trois années susdites ou dans un temps ultérieur quelconque assure à madite fille et à ses enfants un bien-fonds, en garantie de la portion que je lui lègue, — bien-fonds reconnu suffisant par mes exécuteurs testamentaires. — alors ma volonté est que ladite somme de cent cinquante livres soit payée, pour qu'il l'emploie à son propre usage, à l'époux qui aura donné cette garantie.

« *Item*. Je donne et lègue à madite sœur Jeanne vingt livres et toute ma garde-robe, qui devront lui être livrées dans l'année après mon décès ; et je lui affecte et lui attribue, sa vie durant, la maison de Stratford, où elle demeure ainsi que ses dépendances, sous réserve de la rente annuelle de douze pences.

« *Item*. Je donne et lègue à chacun de ses trois fils, William Hart, Hart [1] et Michel Hart, une somme de cinq livres, qui devra leur être payée dans l'année après mon décès.

« *Item*. Je donne et lègue à ladite Elisabeth Hall toute la vaisselle plate (à l'exception de ma grande coupe en argent doré) que je possède à la date de ce testament.

« *Item*. Je donne et lègue aux pauvres dudit bourg de Stratford, dix livres ; à Mr. Thomas Combe, mon épée ; à Mr. Thomas Russel esq. cinq livres, et à Francis Collins, du bourg de Warwick, dans

---

1. « Il est singulier, remarque Malone, que Shakespeare ni aucun membre de sa famille ne se soient rappelé le nom de baptême de son neveu, qui était né à Stratford, onze ans avant que le poète fit son testament. Ce neveu, baptisé le 24 juillet 1605, avait nom Thomas. »

le comté de Warwick, gentleman, treize livres, dix shillings et huit pences, lesquelles sommes devront être payées dans l'année après mon décès.

« *Item*. Je donne et lègue à Hamnet Sadler vingt-six shillings huit pences, pour qu'il s'achète une bague ; à William Reynolds, gentleman, vingt-six schillings huit pences, pour qu'il s'achète une bague ; à mon filleul William Walker, vingt shillings en or ; à Antony Mash, gentleman, vingt-six shillings huit pences, et à Mr. John Mash, vingt-six schillings huit pences ; et à chacun de mes camarades, John Héminge, Richard Burbadge et Henry Condell, vingt-six shillings huit pences, pour qu'ils s'achètent des bagues.

« *Item*. Je donne, cède, lègue et attribue à ma fille Suzanne Hall, pour la mettre à même d'exécuter mon testament et pour assurer cette exécution tout l'immeuble principal ou tènement (avec ses dépendances) situé dans ledit bourg de Stratford et appelé *New Place*, où je demeure maintenant, et les deux immeubles ou tènements (avec leurs dépendances) situés, étendus et existant dans Honley Street, en ledit bourg de Stratford, ainsi que tous mes vergers, jardins, granges, étables, biens-fonds, tènements et héritages quelconques, situés, étendus et existant, ou devant être acquis, exploités et recueillis dans les villes, hameaux, villages, prairies et terrains de Stratford-sur-Avon, du vieux Stratford, de Bishopton et de Welcombe[1],

1. Du temps de Shakespeare, le vieux Stratford, Bishopton et Welcombe ressortaient de la paroisse de Stratford Bishopton, à 2 milles de Stratford, Walcombe à 1 mille.

et ledit comté de Warwick ; et aussi tout cet immeuble ou tènement (avec ses dépendances) qu'habite sir John Robinson et qui est situé dans Blackfriars, à Londres, près de la Garde-Robe [1], entendant que la propriété pleine et entière desdits biens-fonds ainsi que leurs dépendances soit dévolue à ladite Suzanna Hall pour et durant le terme de sa vie naturelle ; et après son décès, au premier fils légitimement issu de son corps et aux héritiers mâles légitimement issus du corps dudit premier fils ; et à défaut d'une telle lignée, au second fils légitime de ladite Suzanna et aux héritiers mâles légitimement issus du corps dudit second fils ; et, au défaut de ces héritiers, au troisième fils légitime de ladite Suzanna et aux héritiers mâles légitimement issus du corps, dudit troisième fils, et à défaut d'une telle lignée, successivement au quatrième, au cinquième, au sixième et au septième fils légitime de ladite Suzanna et aux héritiers mâles légalement issus du corps desdits quatrième, cinquième, sixième et septième fils, dans le même ordre qui a été spécifié ci-dessus à l'égard du premier, du second et du troisième fils légitime de ladite Suzanna et de leurs enfants mâles, et à défaut d'une telle lignée, j'entends que la propriété desdits biens-fonds soit et reste dévolue à madite petite-fille Elisabeth Hall, et aux héritiers

---

1. Par la Garde-Robe, il faut entendre la grande Garde-Robe du roi, une maison royale située près de Puddle Wharf, achetée par le roi Edward III à sir John Beauchamp, qui l'avait fait bâtir. Le roi Richard III l'habita durant la seconde année de son règne.

mâles légalement issus de son corps ; et à défaut d'une telle lignée, aux héritiers légitimes, quels qu'ils soient, de moi, William Shakespeare.

« *Item.* Je donne à ma femme le second de mes meilleurs lits avec la garniture[1].

« *Item.* Je donne et lègue à ma fille Judith ma grande coupe d'argent doré. Tout le reste de mes biens, — meubles, baux, argenterie, bijoux, objets de ménage, — je le donne et le lègue, mes dettes et mes legs une fois payés, les dépenses de mes funérailles une fois soldées, à mon gendre John Hall, gentleman, et à ma fille Suzanna, sa femme, que je nomme et institue les exécuteurs de mes dernières volontés et de mon testament. Et je désigne et choisis comme surveillants-adjoints lesdits Thomas Russel, esq. et Francis Collins, gentleman. Et je révoque tout legs antérieur, et je déclare que ceci est ma dernière volonté et mon testament. En foi de quoi j'ai apposé ici ma signature, le jour et l'année ci-dessus indiqués.

Par moi[2], WILLIAM SHAKESPEARE

Témoins de la présente déclaration :

FRA COLLYUS,

1. Il ressort de l'original de ce testament que Shakespeare avait oublié sa femme. Le legs est interligné, comme ceux faits à Heminge, Burbadge et Condell. Le susdit testament est écrit sur trois feuilles de papier, dont les deux dernières ont indubitablement été écrites par Shakespeare ; sur la première, son nom figure en marge.

2. *Byme.* C'était l'usage du temps de Shakespeare. Ainsi, comme le fait observer Malone, le registre de Stratford est signé au bas de chaque page : en l'an 1616, *Par moi,* Richard Watts, ministre.

Julius Shaaw [1],
John Robinson [2],
Hamnet Sadler,
Robert Whattcott.

« *Probatum fuit testamentum supra scriptum apud London, coram magistro William Bryde, Legum Doctore, et, vicesimo secundo die mensis Junii, anno Domini 1616; juramento Johannis Hall unius ex cui, etc., de bene, etc., jurat reservata potestate, etc., Suzannae Hall, alt. ex., etc., eam cum venerit, etc., petitur, etc.* »

Cela fait, il marie Judith à Mr. Quiney. Quelques jours après il convoque son gendre. Cela se passait le jour anniversaire de sa naissance, le 23 avril 1616. A peine le Dr Hall accouru, William Shakespeare mourait après avoir dans ses bras d'un dernier effort de son génie, embrassé toute l'Humanité qu'il avait dite!

Il y a quelques années, méditant dans l'église de Stratford, devant le tombeau du plus grand génie que la terre ait porté, nous nous rappelions la vision que Schelley a si magnifiquement traduite en vers. Quel prodige! répétions-nous après lui, que la mort qui s'évanouit avec des lèvres d'un bleu livide! Pourquoi la sombre Puissance dont

1. Né en septembre 1571, épouse Anne Boyes, le 5 mars 1596, et meurt à Stratford, en juin 1629.
2. Fils de Thomas Robinson.

l'empire est le noir sépulcre s'est-elle emparée de l'âme de Shakespeare ? Cet homme incomparable, cette pensée planant si haut, ce génie sans précédent, tout cela devait-il donc périr ? Fallait-il que le souffle de la putréfaction ne laissât rien de cette vision que dégoût et que ruine ? Puis un bruit frappa nos oreilles, comme le murmure prodigieux qui vibre autour d'une ruine solitaire et que la plage fait entendre, le soir, à l'enthousiaste errant ; plus doux qu'un soupir du vent d'ouest, plus fantasque que les notes sans mesure de cette lyre étrange dont les cordes sont touchées par les génies des brises. Et j'aperçus, moi aussi, le chariot de la reine des Fées ! Les coursiers célestes piétinaient l'air résistant. A sa voix, ils déployèrent leurs ailerons nacrés et s'arrêtèrent, obéissant aux brides de lumière. De son char céleste, la reine des Fées descendit. Trois fois elle agita une baguette enlacée de guirlandes d'amaranthe.

« Astres ! murmura-t-elle, répandez votre plus salutaire influence ! Eléments, suspendez votre fureur ! Océan, dors dans l'enceinte de rochers qui ferme ton domaine ! Que pas un souffle ne passe ! Et toi, âme de Shakespeare, toi seule jugée digne de l'ineffable faveur réservée aux bons et aux sincères, à ceux qui ont fait rayonner le jour sur leur âge !... Ame de Shakespeare, éveille-toi !

Soudain se leva l'âme de Shakespeare, belle, dans sa pureté nue. Animée d'une beauté et d'une grâce inexprimables, toutes les taches terrestres avaient disparu d'elle. Reprenant sa divinité naturelle, elle se tenait immortelle au-dessus de notre limon. Elle monta dans le char. Les nuages s'écartèrent, une musique inouïe se fit entendre, les coursiers de l'air déployèrent leurs ailerons d'azur, et la Fée, secouant les rênes radieuses, leur commanda de poursuivre leur route jusqu'à l'Immortalité!

Le 25 février 1899.

TOURS

IMPRIMERIE DESLIS FRÈRES

6, RUE GAMBETTA, 6